石垣島

きらめく珊瑚礁に抱かれた島

ISHIGAKI

竹富島
西表島
小浜島
由布島
新城島
波照間島

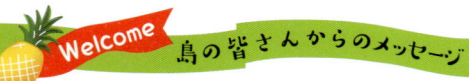
石垣島へようこそ！

石垣島で暮らし、島を愛する皆さんから
石垣島を訪れる旅人へのメッセージが届きました！

日本最南端のアーケードで
お待ちしております！
ゆたしくうにげーさびら
（よろしくお願いします）

hamauta- 浜詩 石垣島 -
オーナーの
浜元詩朗さん
P.89

絶景とジェラートを
楽しんでくださいね！

日本最南端の
牛乳から生まれる
スイーツを楽しんで
くださいね！

石垣島の牛乳屋さんのお店 ゲンキみるく
店長の **緑川真稀子** さん
P.55

石垣島ミルミル本舗 本店
スタッフの **シルビア** さん
権 さん
P.50

石垣にのんびりしに
来てくださいねー

さんぴん工房
店主の **仲辻淳子** さん
P.88

石垣の器をぜひ
手に取ってくださいね！

おいしい
八重山そばを食べに
来てくださいね

八重山そば処 来夏世
店長の **内原** さん
スタッフの皆さん
P.56

やまばれ陶房の
神野泰子 さん
P.67

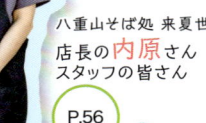

いつでも心を休めに
帰ってきてくださいね

石垣は町もにぎわい、
自然もきれいなので
ぜひ来てください

FUSHI COFFEE ROASTERS
店主・焙煎士の松本光市さん
島おやつ職人の松本紗野佳さん

P.53、
78

島野菜カフェ Re:HELLOW BEACH
サービスキャストのしいやまいかさん

P.52

おいしい
サーターアンダギーを
食べてくださいね

島いろ窯
代表のたてつようこさん

さよこの店
店長の東恩納さよ子さん
スタッフの皆さん

P.49

石垣の空と海を
イメージした器を
つくっています

P.67

八重山のコッキー、タカーニおいしょうり！
（八重山のごちそうをたくさん食べてくださいね！）

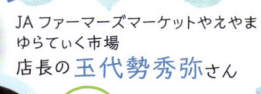

心と体に優しい時間を
過ごしに来てください

JA ファーマーズマーケットやえやま
ゆらてぃく市場
店長の玉代勢秀弥さん

P.88

石垣島のフルーツを
食べに来て
くださいね！

ぬちぐさカフェ
カフェスタッフ兼ヨガ
インストラクターの
芝愛三さん

P.51

マンゴーファームキッチン
店長の黒島純子さん

P.55

3

日常から離れて……心が穏やかになる癒やしの時間

島旅×ジブン時間

旅人を元気に迎えてくれる、石垣島へ。エメラルドブルーに輝く海、壮大な自然、毎日の島の営み……。忙しい日々を忘れて、ジブンだけの島時間に出会う旅へ出かけよう。

石垣島を代表する景勝地、川平湾。圧倒的な海の絶景が旅人を出迎えてくれる

1

Ocean

島旅×ジブン時間

いつも隣にある海の絶景に寄り添う

車窓からも見渡せる雄大な水平線に、足元に打ち寄せる心地いい波。
島のどこにいてもすぐそばにある海は、旅人を優しく見守ってくれている。

2

3

4

6

5

1. 海の色の美しさに圧倒される、米原海岸（→ P.85）
2. 聖なる場所で神秘を感じる、大浜海岸（→P.90）
3. パノラマの海の絶景を望む、玉取崎展望台（→ P.83）
4. 自然のままのビーチこそ優しく美しい
5. 大海原に太陽が溶けていく、観音埼灯台（→ P.90）
6. 幻の島でスノーケリングを満喫！（→ P.41）

上／青のグラデーションが見事な、平久保崎（→ P.83）
下／秘密にしたい優しい海、底地ビーチ（→ P.84）

【島旅×ジブン時間】

壮大な自然風景に感動する

沖縄最高峰を誇る於茂登岳から流れる清流に、マングローブが広がるジャングル。
亜熱帯の緑が広がる壮大な自然の姿に、石垣島の懐の深さを知る。

1. 深い緑と海の青が溶け合う島の美景……
2. 荒々しい波が岸壁を打つ、御神崎（→ P.90）
3. 美しい三角形の姿が印象的な、野底岳（→ P.82）
4. のどかな自然のなかで島の宝が育まれる
5. 集落の小道で見つけた島胡椒ピパーツの実
6. ジャングルをバギーで疾走！（→ P.44）

写真提供：国立天文台

上／石垣島は星の島でもある。石垣島天文台（→ P.46）
下／亜熱帯の島を感じさせるマングローブ

1

島旅×ジブン時間

島の人々の暮らしに心癒やされる

優しい島ごはんを味わう朝の時間を過ごし、手仕事のていねいさに目を奪われる。
なにげない島人の日々の暮らしに触れ、その知恵と胆力に感動する。

2

3

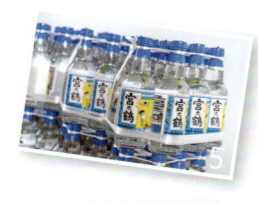

5

4

6

1. ほっこり温かな島の朝ごはん、とうふの比嘉（→ P.48）
2. 石垣島の歴史を眺め続ける、桃林寺（→ P.103）
3. 島人自慢のおいしいかまぼこ、金城かまぼこ店（→ P.49）
4. 島のソウルフード、八重山そば処 来夏世（→ P.56）
5. 集落の行事に欠かせない泡盛、仲間酒造（→ P.60）
6. 島の手仕事に見惚れる、石垣島 南島焼（→ P.66）

上／1日の終わりは島の港で夕日と一緒に……
下／静かで趣のある白保の集落

地球の歩き方
島旅 20
石垣島 ISHIGAKI
竹富島　西表島　小浜島　由布島　新城島　波照間島

c o n t e n t s

本書の見方

使用しているマーク一覧

交 交通アクセス
住 住所
電 電話番号
FAX FAX番号
問 問い合わせ先
時 営業・開館時間
所要 所要時間
休 定休日
料 料金
客室数 客室数
カード クレジットカード
駐車場 駐車場

URL ウェブサイト
予約 予約
通販 通信販売

観る・遊ぶ
食べる・飲む
買う
泊まる
voice 編集部のひと言

未就学児でも
体験できる
アクティビティ

地図のマーク

観る・遊ぶ
食事処
みやげ物店
宿泊施設
アクティビティ会社
工房

御嶽
レンタサイクル
レンタカー
郵便局
学校

※本書に掲載されている情報は 2024 年 12 月の取材に基づくものです。正確な情報の掲載に努めておりますが、ご旅行の際には必ず現地で最新情報をご確認ください。また弊社では、掲載情報による損失等の責任を負いかねますのでご了承ください。

※商品・サービスなどの価格は原則として 10%の税込価格で表示しています。

※定休日について、記載がなくても年末年始・お盆・島の行事などの祝日が休みになる場合があります。

※宿泊料金は特に表示がない場合、1 室 2 名利用時の 1 名当たりの料金です。また、素…素泊まり、朝…朝食付き、朝夕…朝夕食付きを意味します。

※沖縄では行事や祭りなどが旧暦で開催されるため日程が毎年ずれますのでご注意ください。ツアー会社を通さずご自身で海で遊ぶときは自己責任でお願いします。悪天候時は交通機関や掲載各所の判断でお休みになることがありますので必ず確認をしてください。

※住所内、沖縄県八重山郡は省いています。

ひとめでわかる石垣島と八重山の島々

沖縄本島から約410kmの位置にある石垣島は、八重山諸島の中心的存在で交通の要所。八重山の島々への玄関口となっている。美しい海に浮かぶ石垣島と八重山の島々の概要を見てみよう。

島で～た

【石垣島】
人　　口　4万9817人
　　　　　（2024年12月）
面　　積　222.2km²
最高地点　526m

与那国島　P.98
（よなぐにじま）

独特の自然と文化に彩られた島で、石垣島から飛行機かフェリーでアクセスする。日本最西端の碑がある。

南風見田の浜

鳩間島　P.98
（はとまじま）

リピートする旅人が少なくない素朴で静かな島。アオサンゴ群落のある、自然のままの美しい海に出会える。

由布島　P.76
（ゆぶじま）

周囲2.15kmの小さな島で、西表島から水牛車で海を渡る。島内は、亜熱帯の木々や花々が美しい植物園となっている。

西表島　P.94
（いりおもてじま）

東洋のガラパゴスとも称される、亜熱帯のジャングルが広がる島。島内のほとんどが西表石垣国立公園となっていて、トレッキングやダイビングなどの体験ツアーで大自然を満喫できる。

新城島　P.77
（あらぐすくじま）

珊瑚礁に囲まれた美しい島。上地（かみじ）、下地（しもじ）のパナリと呼ばれるふたつの島からなり干潮時は徒歩で渡れる。定期便はない。

日本最南端の碑

波照間島　P.97
（はてるまじま）

日本最南端の有人島。南十字星が見えることでも知られている。八重山の島々のなかでも屈指の美しいビーチや絶景を存分に堪能できる、離島好き憧れの地。

N

0　　　　　5km

大原港

川平湾

おすすめです！

八重山諸島の
情報は

竹富島、西表島、小浜島、波照間島など、八重山諸島の旅の情報が満載の1冊。『地球の歩き方 島旅 たけとみの島々』も、チェックしてみて。

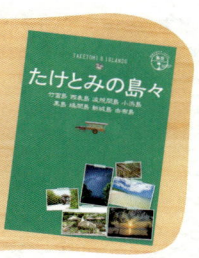
TAKETOMI & ISLANDS
たけとみの島々
竹富島 西表島 波照間島 小浜島
黒島 嘉弥真 新城島 由布島

石垣島 （いしがきじま） P.82

珊瑚礁の海に抱かれ豊かな自然に恵まれた島で、八重山諸島の商業などの中心地。島の中心部には飲食店やおみやげ店、宿泊施設などが集中。八重山諸島のほかの島々への玄関口ともなっている。

平久保崎

小浜島 （こはまじま） P.96

NHK連続テレビ小説『ちゅらさん』の舞台として有名な島。サトウキビ畑の中のシュガーロードやきらめく海、昔ながらの集落など、八重山の島々ならではの風景が広がる。

南ぬ島 石垣空港 ✈

ユーグレナ石垣港
離島ターミナル
●

竹富島 （たけとみじま） P.92

沖縄の原風景が残る島。赤瓦の沖縄の家と白砂の小道が美しい集落を、水牛車や自転車で巡ることができる。沖縄を代表する美景ビーチや夕日の風景にも心が癒やされる。

黒島 （くろしま） P.98

人口よりも牛の数が多い牛の島で、今後のさらなる畜産業の発展が期待されている。産卵のためにウミガメが上陸して来ることでも知られている。

気になる ベーシック インフォメーション Q&A

Q 何日あれば満喫できる？

A 2泊以上がベター
石垣島は車で巡れば1日で駆け足観光もできるが、買い物や体験プログラム、海遊び、さらに周辺の離島なども楽しむなら2泊3日は欲しいところ。

Q 島巡りの注意点は？

A 予約の確認を
島巡りをするなら船のチケットや宿、アクティビティの予約はできれば早めにしておくと安心。カードが使えないことが多いので現金を用意しておこう。

Q ベストシーズンはいつ？

A 春先から秋までがベスト
冬は海の状況で船が欠航することがあるので、島巡りまでストレスなく行えるのはやはり夏場。GW前後から梅雨に入るのでここも避けたほうが無難。

島へのアクセス

石垣島への交通
東京、大阪、名古屋、福岡、那覇などと石垣空港を飛行機が結ぶ。直行便のほかに、那覇を経由する便もある。

八重山諸島への交通
八重山諸島へはユーグレナ石垣港離島ターミナルから船でアクセスする。冬期は欠航する便もあるため、船会社のウェブサイトなどで確認を。

与那国島への交通
与那国島の与那国空港へは那覇空港から1日1便、石垣空港から1日3〜4便の飛行機が結ぶ。与那国島の久部良港へは石垣港からフェリーが週2便運航している。

南ぬ島 石垣空港

南ぬ島 石垣空港
ばいぬしまいしがきくうこう
MAP P.119F-2 　**交** 石垣港離島ターミナルから車で約30分　**住** 石垣市白保1960-104-1　**電**
0980-87-0468（石垣空港総合案内所）　※航空便に関する情報は各航空会社に問い合わせを
URL www.ishigaki-airport.co.jp

空港発着の島内交通情報は
→P.112

空港でできること！

飛行機の発着や島内交通への乗り継ぎ以外にできることをご紹介。
飛行機に乗るまでの時間を調整する場所としても重宝する。

① フードコートでのんびり

電源が付いている席も

カフェのような雰囲気のフードコートでは、飛行機の発着時間までゆったり時間が過ごせる。石垣グルメの店舗もあるので利用しよう。
　→フードコート／1階

② 白保の海を見渡せる！

左／白保の海が向こうに　右／飛行機好きも必見

南側の屋上にある展望デッキからは、飛行機はもちろん白保の美しい海を見渡せる。石垣最後の瞬間まで絶景を楽しもう（7:30〜20:30）。　→展望デッキ／南側屋上

③ 水族館がお出迎え

子供が喜ぶ大きな水槽

到着ゲートを出ると島の魚たちが泳ぐ小さな水族館がお出迎えしてくれる。待機時間に小さな子供を楽しませる場所にもおすすめ。
　→アクアリウム／1階中央

④ オオゴマダラが見られる！

金色のさなぎに驚く

日本最大の蝶で石垣島の市蝶でもあるオオゴマダラが空港内で見られる。
　→光庭／1階

🎁 イチオシみやげ！

珊瑚焙煎珈琲
サーターアンダーギー
490円
珊瑚で焙煎されたコーヒー味

石垣島牛マヨ　997円〜
テレビ番組で紹介されて人気が爆発した石垣島産のマヨネーズ

パイナップルケーキ
972円
石垣島のパイナップルを使ったお菓子

石垣市特産品販売センター　空港店
電 0980-87-0291　**営** 7:30〜20:00　**休** なし　**カード** 可
※商品紹介はP.22にもあります

🍲 これ食べよう

右／鉄火丼 1100円
左／源にぎり8貫 1980円

石垣市内に店舗を構える居酒屋。自社の漁船をもっているので、新鮮な魚介類がおいしくいただける。

海鮮島料理 源 空港店
電 0980-87-0448　**営** 9:00〜19:00　**休** なし　**カード** 可

楽しもう！

石垣島の2大交通要所は、旅の時間を楽しめる場所でもある！
それぞれの施設でできることからグルメ、ショッピング情報を大紹介。

ユーグレナ石垣港離島ターミナル

ユーグレナ石垣港離島ターミナル
MAP 折込 C-3　**交** 石垣空港から車で約 30 分　**住** 石垣市美崎町 1
※船便に関する情報は各船会社に、ツアーに関する情報は各ツアー会社に問い合わせを

八重山諸島への船の時刻表は→P.114

離島ターミナルでできること！

八重山諸島への船の発着以外に、離島ターミナルでできることをご紹介。
ローカルグルメや地元系みやげを探す場所としてもおすすめ。

① 八重山諸島への旅の準備ができる

沖縄らしい弁当が並ぶ

海遊びの道具から食料品、薬など、離島への旅に必要なものはここでほとんど揃う。朝早くから開いている店もあるので、離島へ行く前の朝食の調達場所としても重宝する。

② 各種ツアーの申し込みができる

観光情報も収集できる

石垣島内や八重山諸島へのツアーの申し込みはここでできる。ツアーカウンターが並んでいるので、申し込みはスタッフに確認を。

③ プラネタリウムが利用できる

ターミナルの右奥にある
いしがき島星ノ海プラネタリウム　**URL** ishigakijima-planetarium.jp

星の島として知られる石垣島。離島ターミナルではなんとプラネタリウムも利用できる。上映時間など詳細はウェブで確認を。

④ 島の英雄と記念撮影ができる！

石垣島が誇る英雄、具志堅用高の銅像と記念撮影ができる。写真映え必至のスポットなので撮り逃しなく！離島ターミナルの建物を出てすぐの、乗船エリア中央付近にある。

乗船口に立っている

🎁 イチオシみやげ！

石垣島の泡盛　360ml580円〜
石垣島内の酒造所の泡盛が揃っている。全部揃えて飲み比べよう

石垣島産冷凍マンゴー 700円
大原農園の甘いマンゴー。カットされているので船の待ち時間にちょっとつまむのにちょうどいい

とぅもーるショップ
電 0980-88-0822　**営** 7:00 〜 18:00　**休** 不定休
※商品紹介は P.23 にもあります

オリオンドラフト缶Tシャツ 2420円
島旅人に一番人気がこのTシャツ。その場で着替えて八重山気分を満喫

🏆 これ食べよう

おすすめよ♪

左／マリヤシェイク M600円。プレーンのほかマンゴーやチョコレートもおすすめ

お弁当や島のお菓子、おみやげなどを販売。マリヤ牧場のマリヤシェイク(7:00〜17:00に販売)は離島ターミナルの名物ドリンク。

七人本舗
電 0980-83-0105　**営** 6:30 〜 18:00
休 不定休　**カード** 可

石垣島の島ごよみ

平均気温 & 降水量

※参考資料　気象庁ホームページ
URL www.jma.go.jp/jma　2024年の値より
※日の出、日の入りは各月の1日を基準とする

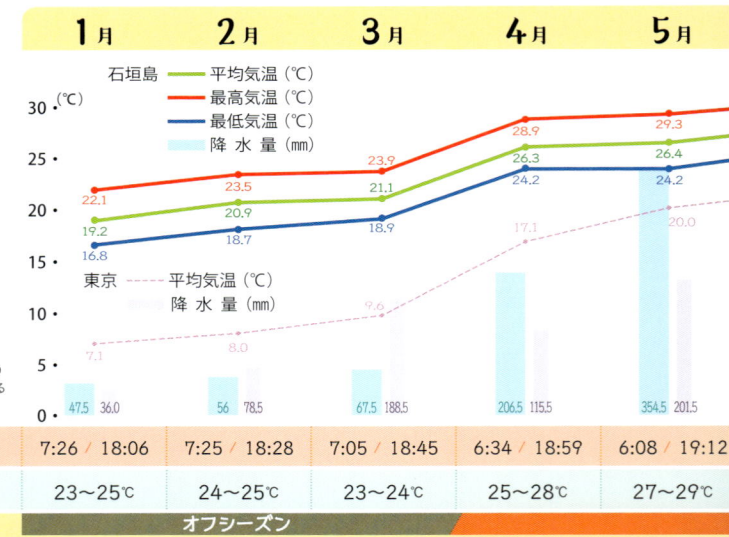

	1月	2月	3月	4月	5月

石垣島
― 平均気温（℃）
― 最高気温（℃）
― 最低気温（℃）
　降水量（mm）

東京
‥‥ 平均気温（℃）
　降水量（mm）

最高気温：22.1 / 23.5 / 23.9 / 21.1 / 28.9 / 29.3
平均気温：19.2 / 20.9 / 26.3 / 26.4
最低気温：16.8 / 18.7 / 18.9 / 24.2 / 24.2
東京平均気温：7.1 / 8.0 / 9.6 / 17.1 / 20.0
降水量（石垣 / 東京）：47.5・36.0 / 56・78.5 / 67.5・188.5 / 206.5・115.5 / 354.5・201.5

日の出 / 日の入り	7:26 / 18:06	7:25 / 18:28	7:05 / 18:45	6:34 / 18:59	6:08 / 19:12
海水温	23〜25℃	24〜25℃	23〜24℃	25〜28℃	27〜29℃

オフシーズン　　　　　　　　　　　　　　　　　　　　　梅雨 💧💧💧💧💧

シーズンガイド

冬 12〜2月
最も寒い1〜2月でも17〜20℃ほどの気温があり本土に比べて暖かい。長袖に薄手のコートやジャケットという服装でOK。

春 3〜5月
3月に入ると20℃を超える日も増え、海開きも開催される。5月のGWを過ぎると降水量が増え、梅雨のシーズンに突入する。

お祭り・イベント

※詳しくはP.102へ

写真提供／石垣市観光文化課

石垣島マラソン
日本最南端で行われるフルマラソン大会。フルマラソンのほかにハーフマラソン、10km、リレーの種目がある。

八重山の海開き
日本最南端から夏の到来を告げる海開きは、例年3月中旬に行われる。

見どころ・旬のネタ

🍊 シークヮーサー

🍍 パイナップル

★ 本マグロ

年間平均気温が 25.1℃と温暖な亜熱帯海岸性気候に属する石垣島。
1 年を通してさまざまな祭りやイベントが行われる。
南国フルーツや沖縄野菜だけでなく、マグロやイカ、モズクなどの海産物もおいしい。

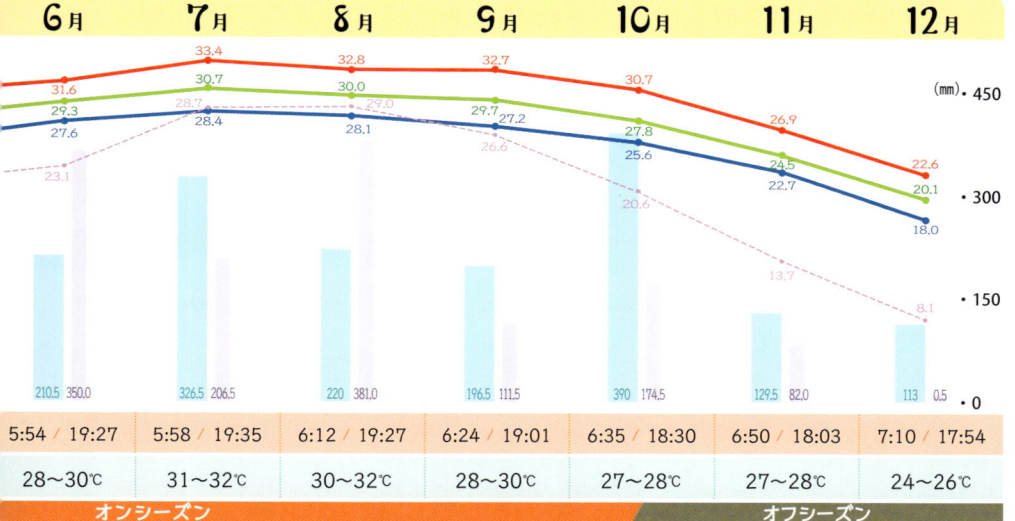

	6月	7月	8月	9月	10月	11月	12月
日の出/日の入	5:54 / 19:27	5:58 / 19:35	6:12 / 19:27	6:24 / 19:01	6:35 / 18:30	6:50 / 18:03	7:10 / 17:54
水温	28〜30℃	31〜32℃	30〜32℃	28〜30℃	27〜28℃	27〜28℃	24〜26℃

グラフ内数値（最高気温）: 31.6 / 33.4 / 32.8 / 32.7 / 30.7 / 26.9 / 22.6
（平均気温）: 29.3 / 30.7 / 30.0 / 29.7 / 27.8 / 24.5 / 20.1
（最低気温）: 27.6 / 28.4 / 28.1 / 27.2 / 25.6 / 22.7 / 18.0
（日照）: 28.7 / 28.7 / 29.0 / 26.6 / 20.6 / 13.7 / 8.1
（23.1）
降水量(mm): 210.5 / 350.0 / 326.5 / 206.5 / 220 / 381.0 / 196.5 / 111.5 / 390 / 174.5 / 129.5 / 82.0 / 113 / 0.5

オンシーズン — **オフシーズン**

台風シーズン

夏 6〜9月

ハーリーのシーズンになると梅雨が明け、本格的な夏を迎え、気温は 30℃前後の日々が続く。旅行のハイシーズンもこの時期で、航空券や宿泊施設の料金がアップすることも。

秋 10〜11月

10月まではまだ海で泳ぐこともできるが、11月ともなると暑さもいち段落。過ごしやすく、旅行をするのにもおすすめ。

マグロも名物よ！

海神祭・ハーリー競漕
旧暦 5 月 4 日に各漁港で航海安全と豊漁を祈願して行われる伝統行事。

豊年祭（プーリィ）
旧暦の 6 月頃に八重山各地で行われる。穀物の収穫が無事終わったことを神に報告し、来年の豊作を祈願する。

南の島の星まつりウィーク
旧暦 7 月 7 日前後に開催。島をあげてライトダウンを行い、天の川を復活させる。

ソーロン・アンガマ
旧暦の 7 月 13 〜 15 日に石垣島各地で開催される、先祖を迎える伝統行事。

石垣島まつり
11 月最初の土・日曜に開催されるイベント。市民によるパレードのほか、コンサートや出店、花火など。

 パッションフルーツ・ドラゴンフルーツ

マンゴー

 シークヮーサー

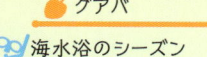 グアバ

海水浴のシーズン

美ら海に浮かぶ、独自の文化が息づく島

石垣島をもっとよく知る
Keyword

美しい珊瑚礁の海と於茂登岳、亜熱帯の森にマングローブ。大自然を有する石垣島にはここでしか見られない絶景がたくさん。島の恵みをいただく食や文化も個性豊かで魅力的な島のことを知ろう。

八重山そば
Yaeyama soba

**スープにほっこり！
島人のソウルフード**
カツオや豚のだしが効いたスープに、独特の丸麺が絡み美味。短冊切りの具材も八重山そばの特徴のひとつ。
→ P.56

**祭りごとには欠かせない
石垣島の泡盛**
石垣島には6つの酒造所があり、それぞれ泡盛を造っている。地域の行事ごとには欠かせない島の味。→ P.104

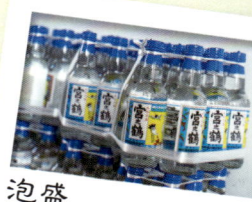

泡盛
Awamori

やちむん
Yachimun

**島の自然を
表現した焼物**
石垣島の海や亜熱帯の森、生物などをモチーフとしたやちむん（沖縄の言葉で焼物）は島の大切な手仕事。→ P.66

ビーチ
Beach

**南の島の絶景！
美し過ぎる海へ**
珊瑚礁に囲まれた石垣島には、海水の透明度が高く、美しいビーチがある。海水浴をするもよし、マリンアクティビティをするもよし。海遊びを楽しもう。→ P.38

平久保崎
Hirakubozaki

**島の味を決める
八重山の胡椒**
柑橘系の香りがほのかに漂う、島胡椒。ヒハツ、ピパーズなど呼び名もさまざま。八重山そばをはじめ、島の料理に欠かせない調味料。→ P.63

ピパーツ
Pipatsu

**絶景が広がる
石垣島の最北端**
平久保崎の先端にある平久保崎灯台からは、大海原の雄大な水平線が一望できる。ドライブで訪れてみよう。→ P.83

珊瑚礁
Coral

島を囲むのは
希少な珊瑚群
石垣島を取り囲む海の中には美しい珊瑚礁が広がっている。白保の青珊瑚群は特に希少なので、グラスボートなどで見学してみよう。

ぱいーぐる
Paeagle

離島ターミナル
Ritoh Terminal

八重山の島々への
旅の玄関口
ユーグレナ石垣港離島ターミナルは、八重山の島々への船が発着する旅の玄関口。離島巡りツアーを主催する旅行会社のカウンターやおみやげ店なども入っている。→ P.16

旅人をお出迎え！
石垣市の公認キャラ
石垣市の公認キャラクターぱいーぐる。730交差点のほか、島内で像を見かけることがあるので、出会えたら写真撮影しよう。→ P.106

南の島のフルーツは
スイーツでいただく♡
パイナップルやマンゴー、パッションフルーツなど南国フルーツがおいしい石垣島。フルーツをふんだんに使ったスイーツは必食。→ P.54

南国フルーツ
Tropical fruit

川平湾
Kabira Bay

石垣島随一の
訪れるべき景勝地
ミシュラングリーンガイドで3つ星を獲得した川平湾は、世界中から観光客が訪れる石垣島No.1の人気観光スポット。→ P.36

星空保護区
International Dark Sky Places

日本一と称される
美しい星空
石垣島は星空が美しい。国際ダークスカイ協会より西表石垣国立公園として、日本で初めて星空保護区の暫定認定を受けている。→ P.46

ゲンキ君
Genkikun

島人に愛される
アイドルキャラ！
ゲンキ乳業のキャラクター、ゲンキ君は島人のローカルアイドル的キャラクター。島人が愛飲するゲンキクールは驚きのおいしさ。→ P.61

沖縄定番みやげから
キュートな雑貨まで

島みやげ

とっておき

石垣島で出会ったおすすめみやげを厳選紹介！
みやげ店の雑貨やお菓子から、地元のスーパーや売店のローカルみやげまで勢揃い。

みやげ店やショップで買える
雑貨＆お菓子

各648円

972円

てぬぐい
オリジナルのデザインがキュートなてぬぐい。沖縄ではティサージと呼ぶことも。→ hamauta ―浜詩 石垣島― P.89

各1480円

石垣島限定
星のちんすこう
小さな星の形がかわいいちんすこう。職場や学校の友人へのおみやげにおすすめ。→石垣市特産品販売センター P.88

パイナップルケーキ
石垣島のパイナップルで作ったお菓子。生地には、八重山を代表する織物のミンサー柄。→石垣市特産品販売センター 空港店 P.16

250円

3850円～

3190円～

小銭入れハート
ハートの形のころっとしたフォルムがかわいい小銭入れ。八重山諸島を代表する織物ミンサー織の雑貨は石垣島ならではのおみやげ→あざみ屋みんさー工芸館本店 P.65、91

型抜きポストカード
八重山諸島の動物や植物がモチーフとなったポストカード。石垣島からユニークなお便りを出してみよう。→さんぴん工房 P.88

オリジナルTシャツ
ミルミル本舗で購入できる大人気のオリジナルTシャツ。個性的な島Tシャツは絶対手に入れたいアイテム。→石垣島ミルミル本舗 本店 P.50

各286円

3000円～

1万8000円～

月桃籠バッグ
月桃の葉を編んで手作りする籠バッグ。八重山諸島で愛され続ける民具は趣がある。→ hamauta ―浜詩 石垣島― P.89

クリアファイル
石垣島の人気キャラ、ゲンキ君が八重山諸島の8つの島を案内しているクリアファイル。→ゲンキショップ石垣美崎町本店 P.61

カビラブルーのやちむん
カビラブルーと呼ばれる海と澄んだ空の色を表現した、石垣島のやちむん（沖縄の言葉で焼物）。→やまばれ陶房 P.67

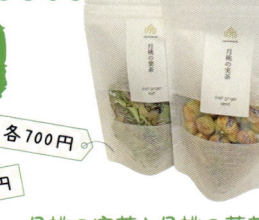

石垣島産ピパーチ
1026円

石垣島の食卓には欠かせない島胡椒、ピパーチ。柑橘系の香りで、八重山そばなどの料理に加えると美味。→知念商会 P.62

各700円

月桃の実茶と月桃の葉茶
1個 400円

民具の素材や餅を包む葉っぱなどに使用される月桃の実や葉で作ったお茶。飲むとリラックスできる。→ hamauta−浜詩 石垣島−P.89

550円

1個 100円

かつおみそ
石垣近海であがったカツオを使って作る味噌。お酒のおつまみやごはんのおともに。→マルハ鮮魚 P.49

ブラックじゅーしー
カレー味のじゅーしー（沖縄の炊き込みご飯）を、イカスミを練り込んだかまぼこで包んでいる。店舗のほかに南ぬ島石垣空港や石垣港離島ターミナルでも購入できる。→金城かまぼこ店 P.49

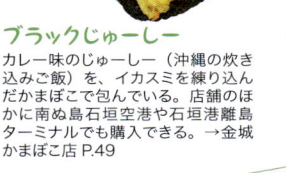

450g 230円

216円

さよこの店のサーターアンダギー
1個 100円

卵が多くてフワフワ。唯一無二のおいしさのサーターアンダギーは一度食べるとやみつきになる！石垣リピーターにも大好評。→さよこの店 P.49

金城製麺所の元祖丸麺八重山そば
石垣島のソウルフード金城製麺の袋麺！ 日持ちがしないので最終日に購入するのがおすすめ。家でからそば（→ P.63）を楽しんで。→金城製麺 P.64

モカケーキ
地元で人気の老舗洋菓子店のロングセラー商品。上品なモカとクリームの味わいにハマってしまう。→那覇ベーカリー P.87

1.5斤 972円〜

ゲンキみるくの食パン
石垣島でしか味わえない、八重山ゲンキ乳業の牛乳を使った食パン。→石垣島の牛乳屋さんのお店 ゲンキみるく P.55

2500円〜

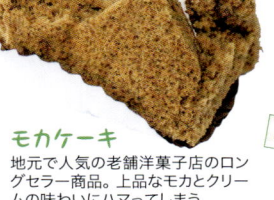

胡麻 唐辛子ともに850円

250円

473ml 159円

タビビトノキ
タビビトノキは、石垣島でよく見られる南国の植物で青い部分は種。島のおみやげとして人気上昇中。→石垣島共同売店 P.89

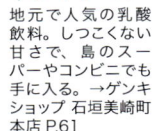

ゲンキクール
地元で人気の乳酸飲料。しつこくない甘さで、島のスーパーやコンビニでも手に入る。→ゲンキショップ 石垣美崎町本店 P.61

360ml 580円〜

からそばのタレ
石垣発B級グルメからそば（→ P.63）が手軽に味わえるたれ。八重山そばの袋麺とセットで購入しよう。→石垣市特産品販売センター P.88

ゲンキクールサイダー
島で人気の乳酸飲料ゲンキクールのサイダーバージョン。→石垣島の牛乳屋さんのお店 ゲンキみるく P.55

石垣島の泡盛
石垣島にある6酒造所の泡盛は全部揃えて購入したい。みやげ店のほかに島のスーパーや売店でも手に入る。→とぅもーるショップ P.17

※掲載商品情報は2024年12月31日現在のものです。　商品の価格やパッケージなどは変更する場合があります
※商品は売り切れ、終売の場合もあります

島の味を丸ごといただき！

今すぐ食べたい 島グルメ

八重山そばに石垣牛はもちろん、島の近海で取れるマグロなどの魚介類や島の果物を使ったスイーツなど。絶対に食べたい島の味をご紹介！

麺

八重山そばのピリ辛まぜそば
1000円〜
八重山そばのアレンジバージョン。店オリジナルのたれとの相性もバッチリで、お酒とも合う→●金城製麺 P.64

じゅーしー
沖縄風の炊き込みご飯
© OCVB

さばの"ガイドブックにも！"

八重山そば
小 500円〜
丸麺で具材がたんざく形という、八重山諸島ならではのそば→●八重山そば処 来夏世 P.56

牛そば 小 900円〜
「2017年八重山そば選手権」のオリジナルそば部門でグランプリを受賞した逸品。沖縄のローカル料理、牛汁と八重山そばのコラボを楽しめる→●あらかわ食堂 P.57

居酒屋にあったらオーダーしよう！

島の居酒屋の定番メニューの中からおすすめをピックアップ！店で見つけたらオーダーしてみよう。

海ブドウ
海藻の一種。プチプチの食感
© OCVB

ゴーヤーチャンプルー
家庭料理の居酒屋定番メニュー
© OCVB

ソーミンチャンプルー
ソーメンを炒める人気の島料理
© OCVB

スクガラス豆腐
アイゴの稚魚、スクガラスが豆腐にのっている珍味
© OCVB

島ラッキョウ
塩漬けや天ぷらでいただく酒のアテ
© OCVB

沖縄てんぷら
沖縄の天ぷらはフリッターに近い。魚やイカが定番でアーサの天ぷらもおすすめ
© OCVB

石垣牛

石垣牛バーガー
2180円
大ボリュームのハンバーガー。石垣牛と目玉焼きの相性が抜群！→●Heart Land P.59

ひとくちセット
1200円
石垣牛のあぶり寿司のほか、石垣自慢の食材を少しずつ味わえるお得なセット→●ひとくち亭 P.64

特得盛
2人分 9800円〜
石垣牛 KINJOBEEF が堪能できるお得な盛り合わせ。焼肉でパワーチャージ！→●石垣牛専門 焼肉 金城 石垣島大川店 P.58

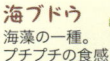

魚

さかなの天ぷら
1盛 550円
みんな大好きローカルB級グルメの代表格
→●マルハ鮮魚 P.49

刺身
1〜2人前 858円
石垣島の新鮮な魚は刺身でいただこう→●海人居酒屋源 総本店 P.86

鉄火丼 1100円
石垣島近海で取れる新鮮なマグロも島の必食グルメ。源グループの店なら自社の漁船で取れたてのマグロが味わえる→●海鮮 島料理源 空港店 P.16

ユニーク

石垣産まぐろのペペロンチーノ
1800円
石垣島産の新鮮なマグロとペペロンチーノの塩気の相性が抜群。島でしか味わえないひと皿。→●海café & Kitchen St. ELMO P.51

石垣島産ビーフともろみ豚のタコライス
1100円
島の厳選食材が味わえるオリジナルのタコライス→●Natural Garden Cafe PUFF PUFF P.52

オニササ 280円〜
おにぎりとササミのフライをカスタマイズする、知念商会発祥の石垣B級グルメ→●知念商会 P.62

ゆし豆腐（かりゆしセット）
600円
ゆし豆腐とは、沖縄版おぼろ豆腐のような料理。島の朝ごはんに最適→●とうふの比嘉 P.48

スイーツ

ぬちぐさカフェの島素材を使ったスイーツ
（左から）自家製ぬちぐさぜんざい 800円、フーチバーマフィン2種 660円
自家栽培しているフーチバー（沖縄の言葉でヨモギのこと）や黒糖など、体に優しい石垣島の素材を使ったスイーツを食べてリトリート→●ぬちぐさカフェ P.51

ミルミル本舗のジェラート
1カップ 550円〜
自社製の牛乳や石垣島のフルーツを使った濃厚なジェラート→●石垣島ミルミル本舗 本店 P.50

八重山ゲンキ乳業の牛乳を使ったスイーツ
（左から）ゲンキプリン 480円、ヨーグルトシェイク 460円
島人に愛される島の牛乳で作る素朴な味わいのスイーツは、石垣島でしか味わえない→●石垣島の牛乳屋さんのお店 ゲンキみるく P.55

たっぷりマンゴーみるくかき氷
840円
石垣島のマンゴーをふんだんに使ったかき氷はリピ確定！→●マンゴーファームキッチン P.55

石垣島
島人インタビュー 1
Islanders' Interview

石垣島の星空は唯一無二
そのすばらしさを伝えたい

上／天文台に設置されている光学・赤外線反射式望遠鏡「むりかぶし望遠鏡」 右／石垣島天文台の花山さん

石垣島天文台施設責任者・理学博士 **花山 秀和**さん

星が美しく見える
石垣島は特別な場所

花山さんは、国立天文台の職員として2009年に石垣島天文台に着任した。2017年までは研究者として、現在は施設の責任者として働いている。

石垣島は日本でトップクラスの星空の美しさで、観測をするにもかなり有利な場所として知られている。その理由を花山さんに聞いてみた。

「石垣島で星が見やすいのには3つの理由があります。まず、街明かりが少なくて空が暗いこと。次

「ぜひイベントなどにも参加してください」と話す花山さん

に、ジェット気流（偏西風）の影響を受けない場所に島があるので、大気の揺らぎが少なく星の光が拡散しないこと。だから、星が瞬かずきれいにくっきり見えるんです。さらに、石垣島が赤道に近いこと。そのため、日本で最も多くの星座が見られます」

地元も運営に参加
島人に愛される天文台

石垣島天文台は、国立の研究機関ながら、地元との協力体制が強い、ユニークな天文台でもある。

「2002年にVERAという電波望遠鏡が石垣島にできたのをきっかけに、地元の天文愛好家や自治体が一体となって天文台を誘致したんです。だからここは、半分は研究のため、半分は市民のために使う施設として建てられている。これは珍しいケースなんですよ。役割分担も決

上／むりかぶし望遠鏡による研究成果も展示　下／石垣島天文台から見た島の星空　写真提供：国立天文台

まっていて、施設と望遠鏡の維持管理と研究は私たちが。観望会のガイドなどは地元の天文愛好家のNPO八重山星の会の皆さんが行います。沖縄県の教育活動にも活用されています。近年では石垣島から天文学者も誕生していますよ。ここに天文台があることで、小さな頃から関心をもってくれていたみたいですね。天文台を通じて石垣島の美しい星空に触れてもらって、そのすばらしさを知ってもらえればうれしいです」

石垣島天文台→P.46

石垣島の巡り方
Recommended Routes

珊瑚礁の海に囲まれた自然あふれる石垣島。

海や絶景を巡るか、市街地でアクティブに遊ぶか、
はたまた島巡りを楽しむか……。ベストルートをご紹介。

レンタカーで石垣島の魅力にたっぷり触れる
2泊3日

石垣島をとことん満喫!

ダイナミックな海の絶景に美しい星空、そしてマングローブも! 美しい景色に出会ったあとは、島グルメに舌鼓。石垣島でしかできないことを全部体験しよう!

1日目

石垣島に到着
初日は北部までドライブ

総距離 110.2km

- ① 11:00 レンタカーで出発
- ② 12:00 平久保崎までドライブ
- ③ 14:00 やちむんを購入
- ④ 15:00 島スイーツで休憩
- ⑤ 19:00 星空ツアーに参加

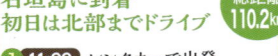

島の手仕事♡

2日目

絶景や海遊びを楽しみ
夜は島グルメを味わう

総距離 48.9km

- ⑥ 09:00 マングローブツアーに参加
- ⑦ 13:00 海見えカフェでランチ
- ⑧ 14:00 川平湾を見学
- ⑨ 15:00 底地ビーチで海水浴
- ⑩ 19:00 居酒屋でディナー

名物の
メニュー♪

3日目

最終日は島の中心部で
買い物とB級グルメ

総距離 17.5km

- ⑪ 09:00 B級グルメで朝食
- ⑫ 10:00 ミンサー織り体験
- ⑬ 12:00 公設市場でランチ
- ⑭ 13:00 ゲンキ君グッズ購入
- ⑮ 14:00 空港で最後の買い物

これが
ブラックじゅーしー

1日目 11:00 　車で約30分 → 12:00 　車で約1時間

1 石垣空港に到着!
レンタカーを借りよう

石垣島に到着したら、まずは旅の相棒になるレンタカーを借りよう。夏場などのハイシーズンは事前予約を必ずしておくこと。→ P.112

空港まで送迎してもらえる

2 島の端っこまで
ドライブを楽しむ

島の北端にある「平久保崎」へ。石垣空港からの道のりにはビーチや絶景地もあるので、のんびり寄り道しながら移動しよう。→ P.83

石垣島の雄大さに感動〜♪

2日目 09:00 　車で約30分 → 13:00 　車で約10分

6 マングローブに囲まれ
カヌーも初体験!

「石垣島 ADVENTURE PiPi」のカヌーツアーに参加。マングローブに囲まれながら大自然を満喫! → P.42

参加希望者は事前に予約を

7 2日目のランチは
海を見ながらいただく

料理がおいしいと評判の絶景カフェ「ALOALO CAFE」でランチ。敷地内にはビーチもあり、時間がゆっくり流れている。→ P.50

写真撮影も忘れずに!

3日目 09:00 　車で約10分 → 10:00 　車で約10分

11 島のB級グルメで
パワーチャージ!

石垣島で大人気のB級グルメ「金城かまぼこ店」のブラックじゅーしーを買って、海辺で朝食♪人気なので早起きして購入を。→ P.49

発送もできるのでおみやげにも

12 八重山の伝統工芸
ミンサー織りを体験

「あざみ屋みんさー工芸館本店」で憧れだったミンサー織りを体験。自分で作ったコースターは一生ものの思い出になりそう。→ P.65

体験は事前に予約しておこう

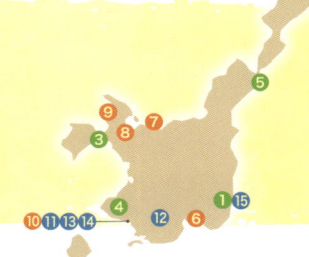

プランニングのコツ

エリアごとに効率よく巡ろう

車なら1日あれば島内を一周できるが、効率よく巡るならエリアごとに計画を。島の北東部と川平湾方面は別日に設定するのが基本パターン。

| **14:00** | 車で約20分 → | **15:00** | 車で約30分 → | **19:00** |

**3 島のやちむん工房で
海の色の器を購入**

「島いろ窯」の工房へ。石垣島の海の色を思わせるやちむん（沖縄の言葉で焼物）を購入。訪れる前に忘れずに連絡を。→ P.67

旅の思い出になりそう！

**4 島の恵みを味わえる
スイーツでほっこり**

「石垣島ミルミル本舗 本店」で、石垣島のミルクやフルーツを使ったジェラートを。絶景を眺めながらちょっと休憩。→ P.50

おいしいよ！

海を見ながら最高の気分♡

**5 星空ツアーに参加して
満天の星を堪能する☆**

星空保護区の「玉取崎展望台」（→ P.83）で星を観賞。「星空ツーリズム」のツアーに参加すれば、ガイドの解説付き。→ P.47

石垣島の星空は日本一！

| **14:00** | 車で約5分 → | **15:00** | 車で約30分 → | **19:00** |

**8 石垣島最高峰の
景勝地で絶景を堪能**

ミシュラングリーンガイドで3つ星を獲得した「川平湾」へ。世界に誇る石垣島の景勝地で、記念撮影を楽しもう。→ P.36

グラスボートも体験できる

**9 お待ちかねの
海水浴満喫タイム！**

島人にも人気の癒やされビーチ「底地ビーチ」で海水浴。思い切り遊んだあとは、木陰でのんびりするのが、石垣島スタイル。→ P.84

地元でも人気のビーチ

**10 石垣の夜のお楽しみ
海の幸と泡盛で**

石垣島グルメで絶対おさえたい、海の幸が堪能できる「海人居酒屋 源 総本店」で夜ごはん。泡盛もオーダー。→ P.86

石垣島のマグロは必食

| **12:00** | 徒歩で約5分 → | **13:00** | 車で約20分 → | **14:00** |

**13 石垣市公設市場で
変わり種そばランチ**

リニューアルした「石垣市公設市場」のフードコーナーでランチ。金城製麺の八重山そばのピリ辛まぜそばをオーダー。→ P.64

ピリ辛です

2階の特産品販売所でおみやげも購入

**14 島の人気者！
ゲンキ君グッズ購入**

「ゲンキショップ 石垣美崎町本店」でおみやげ購入。八重山乳業のキャラクター、ゲンキ君のグッズはレアアイテム。→ P.61

シェイクも飲める

**15 石垣空港で買い物
ギリギリまで楽しむ！**

少し早めに空港へ向かって、最後のショッピング。空港の店には人気の商品が集まっているから、買い物がしやすくておすすめ。→ P.16

レンタカー返却時間にも気をつけて

八重山諸島+石垣島でアクティブに

離島巡りも楽しむ旅

2泊3日

石垣島を拠点に、八重山の島々を巡るアクティブなプラン。八重山が初めてなら竹富島や西表島をチョイスして、石垣島の絶景スポットも満喫する欲張りな旅へ。

1日目 初日は竹富島へ 空港から直行する！

1 12:00 石垣島到着後空港へ
2 12:30 竹富島へ
3 13:00 竹富島を巡る
4 17:00 石垣島へ移動
5 18:00 石垣牛ディナー

石垣牛でパワーチャージ

2日目 2日目は西表島へ 大自然に出会う一日

6 09:00 高速船で西表島へ
7 09:45 島のバスに初乗車
8 11:00 由布島へ渡る
9 16:00 石垣島に到着
10 19:00 サンセットに感動

港での記念撮影は具志堅用高像と

3日目 最終日はレンタカーで石垣島を巡る

総距離 49.5km

11 10:00 川平湾見学
12 12:00 牛そばでランチ
13 14:00 商店街で買い物
14 15:00 海見えカフェへ
15 17:00 空港で買い物

石垣産のマヨネーズ♪

1日目 12:00 　車で約30分　→　12:30 　船で約15分

1 石垣島に到着！ 離島ターミナルへ移動

石垣島に着いたらすぐにバスかタクシーで「ユーグレナ石垣港離島ターミナル」へ。30分くらいで移動できる。→ P.17

タクシー料金は一律 3300 円

2 船で約15分！ 初日は竹富島へ

初日は石垣島から一番近く15分で行ける竹富島へ。沖縄らしい風景が楽しめる竹富島は時間をかけて楽しむ価値あり。→ P.92

荷物は港のコインロッカーなどに

2日目 09:00 　高速船で移動　→　09:45 　バスで移動

6 今日は西表島へ！ プチ船旅も満喫

今日は西表島へ。大原港へは高速船で40〜45分ほどで到着。船酔いする人はあらかじめ酔い止めを飲んでおこう。→ P.115

離島の海の青さは格別

7 港からはバス移動 車窓の風景も楽しむ

港からの移動は路線バスを利用。由布島の最寄り停留所は「由布水牛車乗場」。車窓に広がる西表島の風景も堪能。→ P.94

急ぎの人はレンタカーで

3日目 10:00 　車で約30分　→　12:00 　車で約5分

11 石垣島を代表する 絶景を眺めに行く！

石垣島最高峰の絶景スポット「川平湾」へ。サンゴ礁きらめく海の色に感動♪　グラスボート（→ P.37）も乗ってみよう。→ P.36

海の中ものぞいてみよう

12 地元っ子に人気の 牛そばでランチタイム

八重山そばのひとつでもある牛そばで有名な「あらかわ食堂」へ。島人も大好きな、ガッツリ系のそばに舌鼓。定食などもある。→ P.57

牛そばといえばこの店という有名店

プランニングのコツ
石垣島を拠点に離島巡り

石垣島を拠点に離島を巡るなら、港近くのホテルに宿泊すると便利。船会社が販売している周遊券（→P.117）も上手に利用すれば、おトクに旅できる。

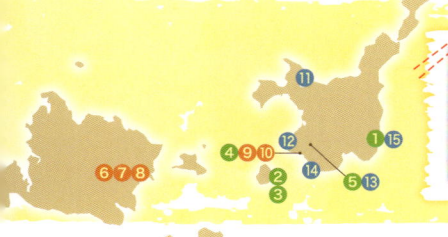

13:00 ── 船で約15分 ── → **17:00** ── 徒歩約5分 ── → **18:00**

3 竹富島に到着
自転車で集落を巡る

港に到着したらすぐにレンタサイクルの手続きを。集落・港間はレンタサイクル会社のバスが送迎してくれる。→ P.72

美しい集落をのんびり巡ろう

4 石垣島へ戻って
ホテルにチェックイン

石垣島へ戻ってきたらホテルへ。「南の美ら花ホテルミヤヒラ」など、港近くのホテルは移動がラクなのでおすすめ。→ P.71

離島を巡るなら港近くのホテルで

5 初日のディナーは
石垣牛でキマリ♪

石垣島最初の夜は石垣牛でパワーチャージ。「焼肉 金城 石垣島大川店」など人気店はいつも混んでいるので、事前予約がマスト。→ P.58

旅行が決まったら即予約を！

11:00 ── 高速船で移動 ── → **16:00** ── タクシーで約15分 ── → **19:00**

8 西表島から水牛車で
由布島へ渡る

水牛車にゆっくり揺られながら由布島へ。島内の見学やランチを楽しむ。島内のショップでおみやげも購入できる。→ P.76

個人で行くこともできる

9 離島ターミナル着
石垣島へ戻ってくる

石垣港離島ターミナルに到着。石垣島へ戻ったら、次の予定まで島の中心部でショッピングや食事を楽しもう。→ P.86

離島ターミナルでも買い物できる

10 石垣島随一の
サンセットに感動！

石垣島で夕日の名所として名高い観音埼灯台で夕観賞。中心部へも車で約15分くらいなので、その後の行動がしやすい。→ P.90

早めに行って場所の確保を

14:00 ── 車で約5分 ── → **15:00** ── 車で約20分 ── → **17:00**

13 日本最南端の商店街で
おみやげショッピング

島の中心部にある商店街「ユーグレナモール」（→ P.86）でおみやげショッピング。「石垣島共同売店」でかわいい雑貨を購入。→ P.89

おみやげ購入♡

店は石垣島公設市場の向かい

14 島最後のひとときは
海見えカフェで過ごす

島の中心部にある海見えカフェ「Natural Garden Cafe PUFF PUFF」で、旅の最後の時間を過ごす。帰りたくないなぁ。→ P.52

テラス席から海を眺めよう

15 石垣空港のみやげ店で
ギリギリまで買い物

石垣空港に早めに移動して、ギリギリまでおみやげショッピング。搭乗ゲートを入ってからも売店はあるので、時間を上手に使おう。→ P.16

島のお寿司！

ショッピング以外も楽しめる

レンタカーがなくても OK！
運転しない島旅プラン

2泊3日

運転しない人におすすめ。公共交通や徒歩でもアクティブに島旅を楽しめるプランをご提案。海も絶景も離島もグルメコンプリート！

1日目 バスを利用して石垣一の景勝地へ

- ① 11:00 到着後バスで移動
- ② 12:00 川平湾見学
- ③ 14:00 ランチは石垣牛バーガー
- ④ 16:00 ユーグレナモール散策
- ⑤ 19:00 星空ツアーに参加

旅はバス停から
START

2日目 2日目は欲張って離島もグルメも夕景も

- ⑥ 08:00頃 竹富島へ
- ⑦ 09:30頃 島でサイクリング
- ⑧ 14:00頃 島Tシャツを購入
- ⑨ 16:00頃 港グルメに舌鼓
- ⑩ 18:00頃 秘密の夕景に感動

港グルメも
楽しめる♪

3日目 スノーケリングも町歩きも楽しむ

- ⑪ 09:00 幻の島ツアー
- ⑫ 13:00 八重山そばでランチ
- ⑬ 14:30 御朱印をいただく
- ⑭ 15:30 シェイクで休憩
- ⑮ 16:00 空港で買い物

シェイクは
絶対飲みたい

1日目 11:00　バスで約40分 🚌 → 12:00　バスで約40分 🚌+徒歩約10分 🚶

1 石垣島に到着♪バスでのんびり移動

バスに乗車して川平湾へ。直行する人は11番に乗車。バスターミナルからなら川平リゾート線のバスを利用しよう。→ P.113

バスの乗車時間は約40分

2 川平湾に到着！グラスボートに乗船

ミシュラングリーンガイドで3つ星を獲得した「川平湾」を見学。グラスボートに乗船して、海の中ものぞいてみよう。→ P.36

船酔いする人は少し注意して

2日目 08:00頃　高速船移動 → 09:30頃　高速船移動

6 2日目は早起きして高速船で竹富島へ

今日は朝からアクティブに島旅から。竹富島なら高速船で15分ほど。島内移動は徒歩か自転車でOK。→ P.92

港近くのホテルだと移動が便利

7 竹富島に到着！自由に島を巡る

赤瓦の沖縄家屋と白いサンゴの砂のコントラストが美しい島の集落をサイクリングしよう。午後は石垣島へ移動。→ P.72

散歩するのも楽しい

3日目 09:00　タクシーで約5分 🚕 → 13:00　タクシーで約5分 🚕

11 幻の島の美しい海でスノーケリング☆

幻の島と呼ばれる浜島で海遊びが楽しめるツアーに参加。珊瑚礁と熱帯魚が彩る美しい海でスノーケリングを楽しむ。→ P.41

午後からの半日ツアーもある

12 八重山そばでランチタイム！

島人から大好評のそば屋「八重山そば処 来夏世」で、八重山そばをいただく。緑豊かな庭がある店舗の雰囲気にもほっこり。→ P.56

中心部から徒歩でも移動できる

プランニングのコツ
移動時間は余裕をもって
車がない場合の移動は公共交通か徒歩なので、時間に余裕を持たせてプランニングを。拠点となる宿泊先を離島ターミナル付近にしておくとラク。

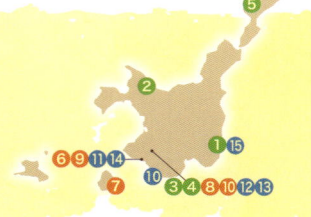

⏱ **14:00** 　徒歩約5分 →　**16:00** 　バスで約1時間 →　**19:00**

3 ランチは石垣牛を お手頃価格で！
ランチはバスターミナルからも近い「バニラデリ」で。石垣牛もハンバーガーならお手頃価格で味わえる。→ P.59

大ボリュームでおなかも満足

4 島の商店街を散策 みやげもチェック
商店街「ユーグレナモール」（→ P.86）を散策。「石垣市特産品販売センター」などで、島の雰囲気を感じよう。→ P.88

石垣島公設市場の1階にある

5 流れ星の丘で 最高の星空を眺める
石垣島の北部、久宇良の流れ星の丘で開催されるツアーに参加。信じられない数の星が瞬く石垣島の夜空に感動……。→ P.47

石垣港離島ターミナルから無料送迎も

⏱ **14:00頃** 　徒歩約10分 →　**16:00頃** 　徒歩約10分 →　**18:00頃**

8 石垣島Tシャツや 民芸品は必ずチェック
石垣島Tシャツや民芸品は、島内でしか購入できない貴重なおみやげ。「hamauta- 浜詩 石垣島 -」なら種類も豊富。→ P.89

島気分なTシャツがズラリ

9 とっておきの店で 島のマグロを味わう
港にある有名店「マルハ鮮魚」で、海を眺めながらまったり。マグロの刺身や沖縄天ぷらをつまみながら贅沢な時間を過ごす。→ P.49

ビールもオーダーできる

10 徒歩でアクセスできる 秘密の夕日スポットへ
離島ターミナルから徒歩で15分ほどの「サザンゲートブリッジ」付近は知る人ぞ知る、夕景の美しいスポット。→ P.86

車移動なしで夕景も堪能

⏱ **14:30** 　徒歩で約10分 →　**15:30** 　ターミナル内 →　**16:00**

13 島の歴史を感じる寺で 御朱印をいただく
琉球王国時代からの歴史をもつ「桃林寺」を参拝して、御朱印をいただく。オリジナルの御朱印帳はイラストがかわいい。→ P.103

八重山で最古の寺院

14 島のミルクで作る シェイクがおいしい
石垣港離島ターミナルの「七人本舗」で、マリヤシェイクを味わう。島の牛乳で作る濃厚シェイクはここでしか味わえない。→ P.17

おみやげも購入できる　甘くて美味！

15 石垣空港へ移動 最後のショッピング
石垣港離島ターミナルからバスやタクシーで石垣空港へ。早めに到着して、ギリギリまでおみやげショッピングも楽しもう。→ P.16

移動時間には余裕をもって　人気です♪

石垣島
島人インタビュー 2
Islanders' Interview

時代に合ったスタイルで
サバニを伝えていきたい

右／サバニ船大工の吉田さん　上／ツアーでは実際に吉田さんの帆掛けサバニに乗船できる

吉田サバニ造船代表　**吉田 友厚**さん

風任せで島にたどり着き職人の道を歩むことに

　吉田さんが石垣島の久宇良で暮らし始めたのは2004年。もともとサバニ船大工になるために移住したわけではなかったのだとか。
「ある日、サバニ船大工の新城康弘さんが引退するので継ぐ人を探しているという話を聞いて、いても立ってもいられなくなった。実は、僕が移住して初めて買った本が、新城さんのサバニの本『潮を開く舟サバニ－舟大工・新城康弘の世界－』でした。ずっとこの仕事に興味があったけど、弟子入り

「口数の少ない人だった」と吉田さんは懐かしそうに師匠を語る

するには敷居が高いと思っていました」
　吉田さんの師匠の新城康弘さんはそのとき御年83歳。生涯に50艇以上のサバニを造った、気鋭の職人。波を切って大海原を進む、骨太なサバニを造る船大工だったと、吉田さんは言葉をつなぐ。
「船大工の世界では、技術は簡単に教えてもらえないのが普通。弟子たちに惜しみなく技術を教えた新城さんは、特別な人だった」

偉大な師匠から預かったバトンを次につないでいく

「材料があるから造ってみるか?」という新城さんの言葉から始まった吉田さんのサバニ造り。そこには、師匠の経験に培われた技があった。
「新城さんは、試行錯誤がすごい人で、失敗に対する対処法もたくさんもっている人だった。造って

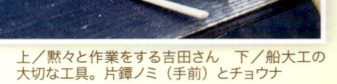

上／黙々と作業をする吉田さん　下／船大工の大切な工具。片鎬ノミ（手前）とチョウナ

失敗してリカバリーしてというのを繰り返すことは、かなり勉強になった。昔は魚を取って収益を上げるために木造のサバニを使っていました。それが廃れてしまった今、観光目的で使って収益を上げることは、サバニの存続のためにも必要なこと。僕はネイチャーガイドでもあるので、サバニツアーも開催しています。木造の帆掛けサバニを知ってもらって、伝統を次世代につないでいきたい」

吉田サバニ造船→P.40

さて、島にきて何をしましょうか？

石垣島の遊び方
How to Enjoy

石垣随一の景勝地川平湾に、きらめくビーチの数々。
壮大な自然に圧倒されるアクティビティや
島の人々との触れ合いも楽しいカルチャー体験をご紹介。

石垣島に来たら
一度は川平湾を目指すべし！

石垣No.1の絶景地！ 川平湾(かびらわん)へ

石垣島が世界に誇る景勝地が川平湾。石垣島に来たら、ここは外せない観光スポットだ。
今回は、その美しさをさらに堪能できるちょっとした技を紹介する。

神秘的な海の色を
視点を変えて眺めよう

川平湾は、石垣随一の人気観光スポット。『ミシュラン・グリーンガイド・ジャポン』で3つ星を獲得してからは、世界中から多くの観光客が訪れるようになった。

そんな川平湾だが、最大の見どころは、その美しい風景。海中には数多くの造礁珊瑚が群落を形成していて、光の加減や潮の満ち引きによって海の色が変化するさまが美しい。この絶景を眺めるには、川平公園の展望台がベストスポットだ。

貴重な珊瑚の保護の意味もあり、川平湾での遊泳は禁止されている。そのため、海の中をのぞいてみたいという人には、グラスボートに乗船するのをおすすめする。さらに、海の上から川平湾を眺められる、カヤックツアーなども催行されている。

川平湾周辺には観光スポットやグルメスポットも集まっているので、あわせて訪れてみよう。

川平湾を楽しむポイント

① ベストシーズンは7～9月の夏
② 満潮の時間帯が美しい
③ 遊泳は禁止

こんなツアーも人気！

川平湾フリーサイクリングツアー

所要時間	当日中に自転車を返却すればあとは自由
料金	大人5000円～
開催時間	自分で指定

川平湾まで車移動して、帰路をサイクリングするというツアー。市街地までの約18kmは自由に移動する。

当日中に自転車を返却すればあとは自由行動

エイトサイクリング石垣島
MAP 折込D-4　交 離島ターミナルから徒歩約10分　住 石垣市八島町1-3-7
電 0980-88-7332　営 9:00～19:00
休 水曜　駐車場 あり　URL ishigaki-eight.com　予約 要事前予約

ここにも立ち寄ろう

公園の入口にある川平ガーデン横にあるトロピカルカフェマスの「塩サーターアンダギー(6個600円)」がおいしい。おみやげにもおすすめだ。

おやつにも
おすすめ！

上／かわいい看板が目印
左／ほのかな塩の甘味が絶妙！

トロピカルカフェマス→ P.84

川平湾
MAP P.121B-2　交 離島ターミナルから車で約30分、バスターミナルからバスで約1時間。公園前バス停下車徒歩すぐ　住 石垣市字川平　営 見学自由　駐車場 あり

川平公園の入口には駐車場がある。大きな駐車場だが、ハイシーズンともなると満車になってしまうことも。バスでアクセスする場合は、川平湾のバス停で下車。公園入口まで徒歩5分で移動できる。

グラスボートに乗船しよう

船内から海底や水の中を眺められるグラスボートは、川平湾名物のアクティビティ。海底に広がる美しい珊瑚礁や魚たちを見ることができると大好評。予約なしで当日参加もできる。

船底がガラス張りになっている

😊 0歳以上

グラスボート
料金：大人1300円ほか
予約：ウェブで事前予約がおすすめ（当日予約もOK）
所要時間：約30分

川平マリンサービス　MAP P.121B-2　住 石垣市川平912-1
電 0980-88-2335　営 始発9:00～最終便17:00　休 なし
カード 可　駐車場 あり　URL www.kabiramarine.jp

① 受付をする
受付は当日でもOKだが、事前に予約しておくと比較的スムーズに乗船できる。

体験しよう！
店舗は公園入口にある

② グラスボートに乗船
乗船は川平湾の浜辺から。スタッフの指示に従って移動しよう。船酔いする人は乗船前に酔い止め薬を飲んでおくと安心。

③ 海の底をのぞく
約30分のクルーズに出発。船底がガラス張りになっているので、美しい川平湾の珊瑚を間近で観賞できる。

おすすめ **フォトスポットはこちら！**

ミシュラングリーンガイドで3つ星登録されている川平湾は、沖縄を代表する美景スポット。そんな最高のロケーションですてきな写真が撮影できる、おすすめのフォトスポットをご紹介！

おすすめ1 川平公園内の展望台
いちばんのおすすめはこちら。赤瓦の東屋なのですぐに見つけられる。雑誌やガイドブックなどで目にする写真は、ほとんどがここで撮影されている。手前に緑を少し入れるとより美しく撮ることができる。

おすすめ2 砂浜への階段を下る手前の遊歩道
展望台の下にある遊歩道から、グラスボート乗り場のある砂浜へ下る階段の手前の小さな踊り場的な場所もおすすめ。低い位置からだと砂浜が広く入るので、色のコントラストがきれいに出る。

海のグラデーションに感激！

おすすめ3 乗船場のある砂浜
グラスボートの乗船場がある砂浜からも、迫力ある川平湾の姿が撮影できる。上から撮影するのとはまた違った写真になるので、おさえておこう。

もっと楽しめる！
川平湾MAP

川平湾の周辺は公園で、絶景を見ながら散歩が楽しめる。公園内のおすすめポイントを効率よく巡ってみよう！

グラスボートの受付はこちら
川平マリンサービス受付

グラスボートは浜辺から乗船する

ここからも絶景が見られるのでチェック！

浜辺へと続く小さな階段がある

川平湾は遊泳禁止なので海には入らないように注意を！

川平観音堂
トロピカルカフェマス
鳥居をくぐり階段を上った先にある！→情報は P.84 へ

川平マリンサービスグラスボート乗り場
川平公園展望台
川平湾を一望できるベストスポット。記念撮影はここから！

207 川平高屋線　川平湾

石垣島のビーチセレクション

珊瑚礁に抱かれた石垣島の海は美しくて神々しい。
ここでは、島に来たら訪れたいビーチを厳選してご紹介。
海遊びが楽しいビーチから聖なる浜辺まで、その個性もさまざま。

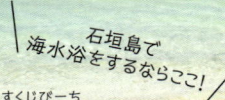

石垣島で
海水浴をするならここ!

❶ 底地ビーチ すくじびーち

島人が海水浴に訪れるビーチで、八重山海開き
が行われることも。松林があり、木陰でくつろぐの
も気持ちがいい。キャンプ場も併設。→ **P.84**

海遊びのポイント

日焼け対策は万全に
石垣島の日差しは強烈なので日
焼け対策は必須。ラッシュガー
ドを着用するなど、なるべく肌
の露出をひかえ、帽子やサング
ラスも持参を。島の自然を守る
ためにも、日焼け止めは環境に
優しいものを選んで。

**BBQ やスノーケリングは
ルールを守る**
石垣島のビーチでBBQやスノー
ケリングを楽しみたい場合は、
必ずルールを守ること。ビーチ
指定の管理会社やショップの
サービスを利用しよう。

泳げる時期を知っておく
遊泳に向かない時期は波が高く
なるなど危険をともなうことがあ
る。各ビーチの遊泳可能な期間
を前もって確認し、ルールは厳
守して。

潮の干満に注意する
沖縄の海は総じて潮の干満の差
が大きい。石垣島のビーチで遊
ぶ場合も、潮の干満時間を知っ
ておくこと。特に潮が満ちるス
ピードはかなり速いので、注意
が必要。

白い砂浜が続く
自然のままのビーチ

❷ 米原海岸 よねはらかいがん

砂浜の白と海の青のコントラストが印象的なビーチ。島人が海を眺めにやって来るほど美景！ 浜辺でのんびりするには最高の場所。→ P.85

聖なる雰囲気を
感じる浜辺

❸ 大浜海岸 おおはまかいがん

周辺に沖縄の聖地である御嶽が複数ある浜辺。岩がゴツゴツしていて泳ぐのはおすすめできない。→ P.90

北部の
隠れ家ビーチ

❹ 石垣島サンセットビーチ

映画などのロケにも使用される隠れ家ビーチ。海水浴やマリンアクティビティが楽しめる。→ P.82

リゾート感ある
ビーチ

❺ マエサトビーチ

マリンアクティビティも楽しめるビーチ。中心部からアクセスしやすく海水浴にもおすすめ。→ P.90

MAESATO BEACH
Information
talk to the staff
OCEAN PARK
Sunset

石垣島ビーチ MAP

石垣島

「自分の手で海に漕ぎ出そう」

上／プライベートビーチにも上陸
左／サンセットクルーズのツアーもある

石垣島

伝統的な帆掛けサバニで
秘密の島に上陸！

サバニライドツアーで石垣島の大海原へ！

サバニとは沖縄の伝統的な木造の船。石垣島で1軒だけのサバニ造船所が造った帆掛けサバニで、大海原へ繰り出そう！

沖縄の伝統の船とともにリアルに海を体感できる

　伝統木造船サバニの職人が自作したサバニで開催しているのが、「久宇良（くうら）サバニツアー」。地元の人でもなかなか乗船する機会のない帆掛けサバニに乗って、石垣島の大海原へ繰り出すという、ここでしか体験できないツアーだ。雄大な海に漕ぎ出していく感動は格別なもの。船でしか行くことができないプライベートビーチに上陸したり、珊瑚礁ポイントでスノーケルを楽しんだりもできる。

吉田サバニ造船
MAP P.120B-2
交 石垣空港から車で約1時間　住 石垣市字平久保234-243　電 090-6869-2395
営 10:00～18:00　休 悪天候時
駐車場 あり　URL www.cicadae-sailboat.com　予約 要事前予約
※サバニ職人吉田さんの記事は→P.34

乗船は0歳～OK

サバニライドツアー

所要時間	約1時間30分	料金	大人1万円ほか
開催時間	10:30、13:30、15:30		

サバニライドで平久保半島の大自然を満喫。ツアーでは船でしか行けないプライベートビーチにも上陸できる。人気のツアーなので必ず事前予約を。

サバニを海に浮かべて、ガイドと一緒に自分たちで漕ぎ出し、プライベートビーチを目指す！

冒険感満点の秘密の砂浜で、石垣島の海と自然を堪能。サンセットクルーズなら夕日を観賞

ほかにはこんなツアーも

サバニライド＋スノーケル

所要時間	約2時間	料金	大人1万5000円ほか
開催時間	10:30、13:30、15:30		

サバニライドで平久保半島の珊瑚礁ポイントまで行くツアー。

実際に海にいる時間は約1時間20分。色とりどりの熱帯魚を見ることができる

サンセットクルーズ

所要時間	約1時間30分	料金	大人1万2000円ほか
開催時間	受付時に確認		

帆で静かに進むサバニからサンセットを眺めるツアー。

日没前に集合してサバニを漕ぎ出し、ロマンティックなサンセットを堪能できる

voice 船酔いする人がサバニライドツアーに参加する場合は、酔い止めの薬をしっかり飲んでおくこと。サバニを漕ぐときに滑らないように、マリンシューズを履いておくのもおすすめ。

初心者でも大丈夫！

浜島
海に浮かび上がる
白砂の美しい島へ

幻の島に上陸して
スノーケリングを満喫♪

幻の島と呼ばれている浜島は、潮が引いたときにだけ現れる白砂の島。周囲には熱帯魚がたくさんいてスノーケリングが楽しめる。

石垣島発の海遊びツアーで一番人気のアクティビティ

　潮が引いたときにだけ顔をのぞかせる三日月形の島が浜島。幻の島とも呼ばれていて、この周辺でのスノーケリングツアーは観光客に大人気のアクティビティだ。実際に幻の島に滞在できるのは30分ほど。本当に幻のように浮かび上がっている島で、写真撮影をしたり浅瀬でのんびりしたりして満喫しよう。その後は、透明度の高い海のスノーケリングポイントへ。石垣島の海の中をのぞくことができ、夢のような海尽くしの時間が過ごせる。

幻の島上陸とスノーケリングツアー

3歳〜OK

| 所要時間 約3時間 | 料金 大人9000円ほか |
| 開催時間 9：00、13：00 | |

離島ターミナル
市街地のホテルなら送り迎えをしてもらえる。

船で幻の島へ
浜崎マリーナから乗船。船内にはお茶の用意も。

幻の島上陸
ついに真っ白な島に上陸！滞在時間は30〜40分ほど。

スノーケリングポイントへ
ガイドさんとスノーケリングポイントへ。熱帯魚がいっぱいいる♪

写真を撮ろう
希望者先着5組には防水デジカメを無料レンタル（1組1台）。SDカードは自分で持参を。

平田観光
MAP 折込 C-3　交 離島ターミナル内
住 石垣市美崎町1　電 0980-82-6711
営 8：00〜17：00　休 なし（悪天候などによる臨時休業あり）　カード 可
駐車場 離島ターミナル共用
URL hirata-group.co.jp　予約 要事前予約　※運行会社　ラッキークローバー

VOICE 無人島は日差しが強いため、日焼け防止はしっかりと。長袖のラッシュガードなどがあると便利。珊瑚で足をけがしないようにマリンシューズも用意しよう。

ジャングル探検気分♪

宮良川のマングローブ／写真提供：石垣島 ADVENTURE PiPi

マングローブ林で冒険気分を味わう

マングローブツアーで島の大自然に触れよう

石垣島の自然をダイレクトに感じられるマングローブの群落が広がる川で
カヤック体験や、ガイド付き散策ができるツアーに参加してみよう。

石垣島でネイチャー体験を

マングローブとは、亜熱帯や熱帯の地域の河口や海水と淡水が混ざり合う場所に生息する木の総称。石垣島や八重山の島々では、ヤエヤマヒルギやオヒルギ、メヒルギなど約7種類のマングローブが見られる。

石垣島では、吹通川や宮良川、名蔵アンパルのマングローブが有名。名蔵橋の上から眺めることもできる。各所で、カヤックやカヌーに乗船してマングローブを見学するネイチャーツアーが開催されているので参加してみよう。海だけじゃない、石垣島の自然の魅力に触れることができる。

マングローブ林は島内の各所で見ることができる。写真は名蔵アンパル

3歳〜OK

宮良川 天然記念物のマングローブ林を行くカヌーツアー

| 所要時間 | 約2時間 | 料金 | 大人 7900円（ウェブ割引あり） |
| 開催時間 | 9:00、13:30 | | |

短時間で島の大自然を感じられる人気ツアー。宮良川のマングローブ林や神秘的なガジュマルの木々を眺めながら、カヌーやSUP体験が楽しめる。

ツアー内容

離島ターミナルに集合後移動
↓
レクチャー後スタート
↓
宮良川へ
↓
マングローブ林へ
↓
ガジュマルなどを見学

離島ターミナルに集合後宮良川へ。レクチャーをしっかり受けてスタート

マングローブの林の中をゆっくり進んでいく

写真の無料サービスがある

道中で大きなガジュマルの木なども見学。探検気分を味わえてワクワク！

石垣島 ADVENTURE PiPi
MAP 折込 C-3　住 石垣市字石垣 144-1（集合場所はユーグレナ石垣港ターミナル）
電 0980-87-5722　休 なし　駐車場 なし　URL ishigaki-pipi.com　予約 当日OK

Voice　カヌーやカヤックでのマングローブツアーに参加する場合、船酔いをするという人はあらかじめ酔い止め薬を飲んでおこう。川の流れは揺れが少ないが、乗り物に弱い人は酔ってしまうこともある。

吹通川 マングローブカヌー体験と沢と滝 半日ツアー

3歳〜OK | 所要時間 約3時間 | 料金 大人 6000円ほか | 開催時間 9：00〜10：00、13：00〜15：00

国の天然記念物にも指定されている、吹通川のヒルギ群落を観賞できるカヌーツアー。パワースポットの屋比久の滝などにも立ち寄る。森の中で遊べる時間があり、マングローブ林が広がる干潟で島の自然を満喫できる。

ツアー内容

ジャングルカヌー体験
カヌーに乗ってマングローブ林内の川へ漕ぎ出す。

沢を歩き滝へ
陸地に上陸したら沢を歩いて滝を目指す。

滝に到着！
童心に戻って水遊びを楽しもう。

沢遊びも楽しめる

干潟で自然体験
マングローブ林の干潟で自然満喫！

吹通川観光（ふきどうがわかんこう）
MAP P.120A-4 交 離島ターミナルから車で約40分 住 石垣市字野底1215-1 電 0980-89-2939 営 7：30〜23：30 休 不定休 駐車場 あり URL www.fruit-ishigakijima.com 予約 要事前予約

宮良川 マングローブカヤックゆる〜り3時間コース

3歳〜OK | 所要時間 約3時間 | 料金 大人 6000円ほか | 開催時間 潮の干満で変動（要確認）

国の天然記念物指定のマングローブ林内を、カヌー上からだけでなく上陸して間近でも見学できる人気ツアー。石垣島の大自然を、ありのままにガイドしてもらえる。ゆったりとマングローブ観察を楽しもう！

ツアー内容

のんびりカヌーの旅
木陰は夏でもひんやり快適。流れの穏やかな水面をのんびりと進んで行く

冒険のスタート！
出発は河口部から。カヌーのレクチャーもしっかり受けて、海から川へ漕ぎ出していこう！

いざ上陸 自然に触れる
マングローブ林に上陸して自然観察も楽しめる。上流には洞窟も！

OHCUS 石垣島
MAP P.119E-3 住 石垣市宮良1038-5 電 080-6489-1096 休 なし カード 事前Web決済可 駐車場 なし URL ohcus-ishigakijima.com 予約 要事前予約

> 石垣島の
> 大海原に感動！

パラグライダー
パラグライダー体験フライト
料金：大人 1 万 2000 円
所要時間：1 時間（人数による）
予約：電話・ウェブ予約

石垣島
アクティブに美景を堪能

島の大自然と
一体感を味わおう

石垣島の大自然を満喫できる、アクティブな体験がしたい！そんなあなたにおすすめしたい、大注目のプログラムを厳選紹介。

パラグライダーで海上を飛べ！

インストラクターとふたり乗りで行うパラグライダーの体験プログラム。空から見下ろす石垣島の雄大な海と自然の風景は、唯一無二の美しさ。体験したい人は早めの予約を。

スカイアドベンチャー うーまくぅ　MAP P.120C-2
交 石垣空港から車で約 30 分　住 石垣市伊原間 249-42
電 080-1076-5844　営 受付 9:30 〜 16:00　休 悪天候時
カード 可　駐車場 あり　URL www.woomacoo.com

バギーでツーリング！

> ワクワクが
> 止まらない！

バギーで石垣島の自然の中を冒険できる、1 組限定の貸切ツアー。サトウキビ畑やパイナップル畑のあぜ道を、バギーで走り抜けよう。

バギーファンライドツアー
料金：1 名 1 万 5000 円、2 名参加で 1 名 1 万円
所要時間：2 時間
定員：4 名
予約：要事前予約 ※要普通免許

シンバ・トライバル石垣島　MAP P.119E-2　交 石垣空港から車で約 10 分　住 石垣市大浜 2075-143　電 0980-83-4124　営 午前の部 9:00 〜　午後の部 13:00 〜、15:30 〜
休 悪天候時　カード 不可　駐車場 あり　URL bts-simba.com

セグウェイで森を探検！

石垣島最大規模を誇る亜熱帯の森、バンナ森林公園をセグウェイで走り抜けるアクティビティ。ていねいなレクチャーがあるので、初めて乗るという人も楽しめる。

平田観光
MAP 折込 C-3
情報は→ P.41

セグウェイ
セグウェイツアー in 石垣島バンナの森
料金：大人 8800 円
所要時間：2 時間　予約：要事前予約

サザンゲートブリッジ
サザンゲートブリッジのすぐそばにある漁港からサンセットを眺めることができる。夕日に染まったサザンゲートブリッジは色気がある。
→ P.86

旅の1日の終わりを彩る
島の極上サンセット

石垣島の暮らしや自然が夕日にとけこむ至極の瞬間。極上のサンセットを、大切な旅の思い出の1ページに刻んで。

観音埼灯台
　中心部から車で10分でアクセスできる、人気のサンセットスポット。駐車場近くに人が集まっていることが多いが、奥の展望台から眺めるのがおすすめ。
→ P.90

御神崎
　断崖絶壁の上から見渡す、ダイナミックな夕日の絶景は圧巻。周囲に街灯がほとんどなく、日が暮れると真っ暗になるので帰路は気をつけて。
→ P.90

写真提供：国立天文台

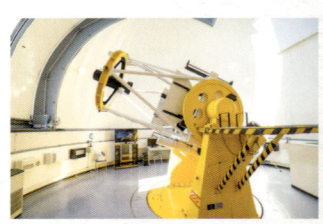

口径105cmの光学・赤外線反射式望遠鏡「むりかぶし望遠鏡」

＼"星の島"の美しい夜空に感動！／
日本一美しい星空を眺めに行こう

石垣島は星の島。美しい星が眺められるだけではなく、見られる星座の数も日本一多い。せっかく島に滞在するなら、天体観測は外せない！

石垣島天文台
いしがきじまてんもんだい

　石垣島天文台は、国立天文台や石垣市などの連携によって運営される天文台。九州・沖縄では最大の光学・赤外線反射式望遠鏡「むりかぶし望遠鏡」を備えていて、観測研究などを行っている。望遠鏡による天体観望会（要事前予約）や、立体的な宇宙鑑賞ができる宇宙シアター、施設の見学ができる。島の山頂にある天文台からは、感動的な星空を眺めることができるので、一生モノの旅の思い出となりそう！

＼どうして日本一なの？／
西表石垣国立公園として、星空保護区に暫定認定されている石垣島の星空。街明かりや大気の乱れも少ないため、暗い星までくっきり見ることができる。

星空ツアーを楽しむポイント
①天気を確認しつつツアー日を検討する
②レンタカーがない人は送迎付きツアーを選ぶ
③真っ暗なので懐中電灯などがあると便利

石垣島天文台でできること

施設見学・宇宙シアター
施設見学ではむりかぶし望遠鏡を見学。宇宙シアターでは天体・星空の画像映像、3Dメガネによる立体的な宇宙鑑賞ができる。

開催日時 施設見学：開館日の10:00〜15:00（最終入館）、宇宙シアター：開館日の15:30〜16:15 予約 不要
料 施設見学：100円（未就学児無料）、宇宙シアター：大人400円、小中高生200円

MAP P.118C-3 交 離島ターミナルから車で約30分 住 石垣市新川1024-1 電 0980-88-0013 営 水曜〜日曜の10:00〜17:00（電話受付）休 月・火曜（月曜が祝日の場合は火・水曜）料 有料 駐車場 あり URL murikabushi.jp 予約 天体観望会は要事前予約

VOICE 石垣島天文台では土・日・祝日の夜に天体観望会も開催している（要予約・有料・季節により時間変更あり）。詳細はウェブサイトで確認を。

石垣島星空ファーム

星空絶景スポット「石垣島星空ファーム」で世界屈指の星空を観察できるツアー。石垣島の東海岸、海に突き出る「のばれ岬」に位置し、360度ぐるりと星に囲まれる天然のプラネタリウムを体験できる。リクライニングチェアにゆったりもたれながら、専門ガイドによる星空案内や双眼鏡を使った天体観測を楽しもう。

- 電 0980-87-5790
- 営 9:00〜21:00
- 休 12〜1月　駐車場 あり
- URL hoshisora.jp
- 予約 要事前予約

上・下／星空絶景スポット「石垣島星空ファーム」（写真／星空ツーリズム）

おすすめツアーはこちら！

石垣島星空ファーム　星空ツアー
- 開催日時 2〜11月の毎日21:00〜22:00
- 料 大人（中学生以上）4500円ほか
- 内容 リクライニングチェアでの星空浴、専門ガイドによる星空案内、双眼鏡での天体観測。※悪天候による当日キャンセル可

流れ星の丘

自然豊かな石垣島の北部、久宇良（くら）地区にある流れ星の丘で開催される星空観測ツアー。流れ星の丘は、ツアー以外非公開のプライベートエリアとなっていて、高確率で流れ星を見ることができる。現地までの送迎もしてくれる（要事前予約）。

- 電 080-6480-2445
- 営 9:00〜22:00
- 休 冬季休業（12月、1月）
- 駐車場 あり
- URL goattours.com
- 予約 要事前予約

上・下／「10月の天の川」（写真／流れ星の丘）。満天の星を眺めていると宇宙にいるような感覚に

おすすめツアーはこちら！

流れ星の丘　星空ツアー
- 開催日時 2月〜11月20:30〜（2月・3月・10月・11月は20:30〜、4〜9月は21:00〜）
- 料 4600円（5歳〜小学生まで2500円）※撮影1カット1500円、ハンモック1脚400円はオプション
- 内容 約1時間の星空観測ツアー。星空専門ガイドによる星座などの説明、双眼鏡や望遠鏡での星空観測。三線の生ライブ演奏あり。※三線ライブは5名以上で開催

 星空ツアーは天候により変更が生じる。開催場所など詳細についても変更が生じる場合がある。現地集合のツアーもあるので、参加予約をする人は、現地到着後にもツアー主催者に確認するのを忘れずに。

何度も来たくなる
大好きな島の朝ごはん

かりゆしセット（600円）ミニゆし豆腐と
おからの味噌炒め、卵焼きのセット。ミニ
おかゆかミニごはんは選択できる

空港から直行したい

石垣島といえば
ヨコ！の名店

いつ来ても変わらないあの店構えや、おいしい料理。そし
て出迎えてくれる島人の笑顔……。石垣島に到着してまず
行きたいお店たちは、旅人に愛され続ける有名店。初めて
の人も、リピーターも、空港から直行しましょ♡

石垣島

とうふの比嘉
とうふのひが

朝食の定番といえばコレ！

　できたてのゆし豆腐が楽しめる店。
いちばん人気は「かりゆしセット」
（600円）。営業時間は15時までだ
が、完売次第閉店するので、朝早め
に出かけよう！

MAP P.118C-4
交 離島ターミナルから車で約10分
住 石垣市字石垣570　電 0980-82-4806
営 6:30～15:00（売り切れ次第終了）
休 日曜　カード 不可　駐車場 あり

比嘉明美さん

優しい豆腐の
朝ごはんを
食べにきて
ください

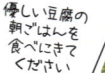

ゆし豆腐の味噌汁
セット 800円

国道208号を北上し看板を右折。さとうきび畑をズンズン進んだ先
にある開放感たっぷりの食堂。車でアクセスするのがおすすめ

マグロの中落ち（1000円）とマグロの天ぷら（550円）、生ビール（600円）も人気！

お手頃価格で味わえるとれたての島の幸！

石垣島 マルハ鮮魚 まるはせんぎょ

離島ターミナル近くのいつもの店

購入したものを店頭のテラス席で食べられる鮮魚店。マグロなどを、刺身や沖縄天ぷらで販売している。ビールや泡盛などの酒類も豊富に揃っている。

MAP 折込D-3 **交** 離島ターミナルから徒歩すぐ
住 石垣市美崎町1-13 **電** 0980-82-0557
営 10:00～18:00 **休** 無休
カード 不可 **駐車場** あり

手作りの加工品などはおみやげにおすすめ

新鮮なマグロが食べられると評判。マグロの刺身は1000円。魚の天ぷらや生もずくのほか、手作りのかつおみそ550円も人気

テラス席で海を見ながらリラックスできる。八重山の島々へ旅する人の交流が生まれることも

取材班のリアルボイス
旧離島ターミナル時代から人気の有名店。タイミングによっては、マグロの希少部位が食べられます！

石垣島 さよこの店 さよこのみせ

売り切れ必至のサーターアンダギー

卵をたくさん使って作るサーターアンダギーがおいしいと評判の店。常時7種類ほどの味が10時から順番に販売される。売り切れ次第終了するので、早めに購入しに行こう。

サーターアンダギー
プレーン1個100円ほか

お母さんたちの手作り

取材班のリアルボイス
唯一無二のおいしさで毎回感動する。まさに島以外では味わえない逸品！

MAP 折込E-3 **交** 離島ターミナルから徒歩約15分 **住** 石垣市登野城170 **電** 0980-83-6088 **営** 10:00～売り切れ次第終了 **休** 日曜（不定休あり）

このイラストが目印

石垣島 金城かまぼこ店 きんじょうかまぼこてん

モチモチの島のかまぼこが美味

石垣島のかまぼこ専門店。イカスミを混ぜ込んだかまぼことドライカレー風味のジューシー（沖縄風炊き込みご飯）を組み合わせたブラックじゅーしー（写真左400円）が大人気！

ブラックじゅーしーとじゅーしーかまぼこ（400円）

店舗外観

取材班のリアルボイス
石垣旅の朝ごはんは毎回コレ。かまぼこのモチモチ感と優しい味わいにハマる。

MAP 折込B-1 **交** 離島ターミナルから徒歩約15分 **住** 石垣市新栄町73-9 **電** 0980-82-3084 **営** 7:00～18:00 **休** 第2・4日曜 **カード** 可 **URL** www.kanbukuya.com

発送可

石垣島の美景にうっとり……
島の自然を堪能できる絶景カフェ

素朴な石垣島の風景に パワーをもらえる！

石垣島でしか 味わえない♪

時間を忘れて の〜んびり

> 石垣島

石垣島ミルミル本舗 本店
いしがきじまみるみるほんぽ ほんてん

海を眺めながらジェラートを

青い海と緑の牧草地が目前に広がる牧場直営のカフェ。搾りたてのミルクはもちろん、マンゴーやパイン、ユーグレナといった島の恵みをジェラートで味わえる。ショップも併設されていて、観光スポットとしても人気。

❶タコライス（990円）❷見晴らしのよい店舗 ❸ジェラートのハーフ＆ハーフ 550円〜 ❹夕暮れ時にはグリーンフラッシュが見られることも

MAP P.118B-3　交 石垣空港から車で約30分　住 石垣市新川1583-74
電 0980-87-0885　営 10:00〜18:30　休 なし　カード 不可（キャッシュレス可）
駐車場 あり　URL mirumiru.okinawa

> 石垣島

ALOALO CAFE
あろあろかふぇ

一度食べたら やみつきに！

料理もおいしい海見えカフェ

眼下に海の絶景を見渡せるカフェ。敷地内には宿泊施設もあり、ゆったりした環境で島時間を過ごせる。料理はどれを食べても絶品！ おすすめは石垣牛を使った数量限定の「自家製ローストビーフ丼」（1500円）。

MAP P.121B-2　交 石垣空港から車で約25分　住 石垣市字川平1215-228　電 0980-87-0610　営 11:00〜15:30（15:00LO）
休 なし（不定休あり）　駐車場 あり
URL aloalobeach川平.com/cafe/　予約 可

島旅に来たら一度は行きたい絶景カフェ。目の前に珊瑚礁きらめく海が広がる海カフェから、マイナスイオンに癒やされる深緑がきらめくカフェまで、厳選してご紹介。ランチタイムにぜひ利用してみて！

海の絶景を堪能したいなら、満潮時間を狙って行こう。人気店ばかりなので事前予約をしておくのを忘れずに。

島の自然の恵みで
心も体もリフレッシュ♪

①緑あふれるスポット ②ぬちぐさプレート1320円。島野菜がたっぷり入ったカレーに副菜などが付く ③海が眺められる2階席。1階席はオープンテラス

石垣島

ぬちぐさカフェ
ぬちぐさかふぇ

命の草で心も体もデトックス

緑に囲まれたヨガ施設の一角にある、自然派カフェ。インド菜食を基本に考えられたごはんやスイーツには、自家栽培のハーブや石垣島産の無農薬野菜がふんだんに取り入れられている。ビーガン対応も可能。

MAP P.118B-3　**交** 離島ターミナルから車で約15分　**住** 石垣市新川1585-4
電 0980-87-5128　**営** 11:00～16:00、18:00～22:00(予約制)
休 不定休　**カード** 可　**駐車場** あり　**URL** yoga.okinawa/cafe/

石垣島 海café & Kitchen St.ELMO
うみかふぇあんどきっちん せんと・えるも

季節限定の人気カフェ

夏期のみオープンする人気カフェ。テラス席は目の前が海で、まるで船上にいるような気分に！八重山の島々を見渡す絶景をひとり占めできる。石垣島の素材を使ったオリジナルメニューもおいしいと好評だ。

①まるで船上にいるようなテラス席。サンセットの時間もおすすめ ②石垣産マグロのペペロンチーノ 1800円

MAP P.118B-3　**交** 石垣空港から車で約30分　**住** 石垣市新川1629-3　**電** 0980-87-6250　**営** 11:30～21:00 (20:00LO)
休 水曜　**カード** 可　**駐車場** あり　**URL** stelmo-ishigaki.com
予約 ディナーのみ可

思い立ったらすぐ行ける！
離島ターミナルから車で 5 分の海カフェ

島の中心地にある町なかの海カフェをご紹介

石垣ブルーの美しい海に
パワーをもらえる！

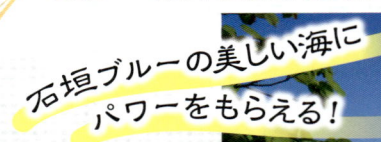

石垣島

島野菜カフェ Re:HELLOW BEACH

しまやさいかふぇ りはろうびーち

石垣のハワイで島野菜を堪能

まるでハワイのような雰囲気のなか、その日手に入る新鮮な島野菜を中心とした料理が楽しめる。ガーリックシュリンプやロコモコなどのランチ、アラカルトメインのディナーなど、豊富なメニューにも注目。

❶この看板が目印　❷奥にはプライベートビーチ　❸白身魚と島野菜のグリルプレート 1804 円　❹店舗外観

MAP P.119D-4　交 離島ターミナルから車で約5分　住 石垣市真栄里192-2
電 0980-87-0865　営 ランチ10:00 ～ 16:30、ディナー 16:30 ～ 20:00　休 なし
カード 可　駐車場 あり　URL lit.link/hellowinc

石垣島 # Natural Garden Cafe PUFF PUFF

なちゅらる がーでん かふぇ ぷかぷか

町なかのオアシス的カフェ

島の中心部からアクセスしやすい、町なかの海見えカフェ。ウッドデッキテラスが心地よく、ハワイを彷彿させる空間になっている。沖縄の素材を取り入れた料理はどれもオリジナリティがあり美味。屋上ではBBQ（要予約）もできる。

ヘルシーかつ
ボリューミー！

❶海が眺められるテラス席　❷石垣島産ビーフともろみ豚のタコライス 1100 円

MAP P.119D-4　交 離島ターミナルから車で約5分　住 石垣市真栄里193-1　電 0980-88-7083　営 11:00 ～ 20:00LO（変更あり）　休 なし
カード 可　駐車場 あり　URL www.puff2.com　予約 可

描かれた子ヤギは、島おやつ職人であ
〇紗野佳さんのイラスト

島の日常をちょっとだけ体感してみたい！
暮らしに寄り添う 島の町カフェへ！

今、注目の島の町カフェで、石垣島のていねいな暮らしを
疑似体験。昼下がりに、おいしいコーヒーを飲みながら、
のんびり旅時間を楽しもう。

2

石垣島

FUSHI COFFEE ROASTERS
ふし こーひー ろーすたーず

コーヒーとお菓子でゆんたくを

　店主の松本光市さんは、焙煎大会「JACRC
2024」で優勝した実力者。現地で直接買い付
けたコーヒー豆など、こだわりが詰まった一杯がいただける。広い店内には琉球畳
を敷いたスペースもあり、子連れ客にも優しい。島の素材を大切に使った日替わり
のおやつとともに、ゆんたく（おしゃべり）タイムを楽しもう。

❶ゆったりとした店内　❷「ほろほろさん」と
いう愛称がついたサブレと黒糖ラテ 682 円
❸松本光市さん　❹焼き菓子もテイクアウト
可

MAP 折込 E-3　**交** 離島ターミナルから徒
歩約7分　**住** 石垣市登野城9-2
電 090-6289-0110　**営** 9:00～18:00
休 日・月曜　**カード** 可　**駐車場** あり
URL fushicoffee.stores.jp

＼ おみやげも買えます♥ ／

お湯を注ぐだけで本格的な一杯が味わえるドリップパッ
クコーヒー 1包 250 円（写真左）。コーヒー豆を湿気
から守ってくれる職人手作りのコーヒー缶 2500 円。

冷たくてかわいい
石垣スイーツ

フルーツやミルクなど、石垣島のおいしいものを
ふんだんに使った島のスイーツは、おいしいだけ
じゃない！ 写真映えも抜群なのです♡

自家製ぬちぐさぜんざい
800 円 F
黒糖とシナモンで煮た豆が美味。
よもぎも入っており、デトックス
やむくみ解消に効果あり

トロピカルパフェ
1100 円 G
フルーツをふんだんに使ったパフェ。
彩りもきれいなので写真撮影にもおすすめ

マンゴーフラッペ
900 円 H
瞬間冷凍で凍結させた石垣島産
のマンゴーを使っている

ゲンキヨーグルトシェイク
460 円 A
牛乳本来の味が
濃厚。パインや
黒糖キャラメル
などソース付き
（560 円）も人
気

マリヤシェイク M
600 円 I
島の牧場で取れたミルクを使うシェイ
ク。離島ターミナルの名物スイーツ！

スペシャルぜんざい
825 円 D
ふわふわ氷に甘い金時豆、たっ
ぷりの黒蜜によるぜんざいに好き
なジェラートをトッピング

たっぷりマンゴーみるくかき氷
840 円 B
かき氷の上には石垣島
のマンゴーがたっぷり。
コンデンスミルクとの相
性も抜群の逸品！

元祖ゆし豆腐ワッフル
マンゴーアイランド
1964 円 E
ゆし豆腐を使ったワッフルは濃厚な風味。たっぷりのマン
ゴーにフレッシュライムを搾って味わう

季節によるジェラート
1 カップ 550 円〜 D
搾りたての牛乳を使ったミルクをはじめ、
石垣島産の食材を味わえるジェラート。
本店限定のピパーチは辛党におすすめ

黒糖ジンジャーエール
680 円 C
黒糖の甘味とショウガが絶妙
なコンビネーション

パインジュース
700 円 C
石垣島のパインを
使ったジュース。素
朴で懐かしい味わい

ドラゴンフルーツ＆
パインスムージー
740 円 B
石垣の恵みが十分に味わ
える2大フルーツのコラボ
レーション。写真映えも抜
群で大人気！

ここで食べられる！

1 店内にある親子の牛の置物はおすすめの撮影スポット **2** 八重山ゲンキ乳業のキャラクター「ゲンキ君」の看板が目印 **3** プリンなどのおみやげが収められる、ゲンキ君の保冷バッグも人気がある

石垣島

A 石垣島の牛乳屋さんのお店 ゲンキみるく
いしがきじまのぎゅうにゅうやさんのおみせげんきみるく

最南端の牛乳で作ったスイーツ

「ゲンキみるく」とは、八重山ゲンキ乳業が作り続ける石垣島産の牛乳。島人に愛される牛乳をふんだんに使ったジェラートやプリンなどのスイーツが気軽に楽しめる。

これもおすすめ！

牛乳を使った食パン（写真左）は1切れ170円、1.5斤972円。牛乳の甘味が味わえる。人気商品 No.1 のゲンキプリン（写真右、480円〜）

MAP 折込D-3　**交** 離島ターミナルから徒歩約3分　**住** 石垣市美崎町3-3　**電** 0980-87-6573　**営** 11:00 〜 21:00　**休** なし　**カード** 不可　**駐車場** あり　**URL** www.okinawaproject.co.jp/milk

石垣島

B マンゴーファームキッチン
まんごーふぁーむきっちん

かわいいカラフルスムージー

離島ターミナル前のスタンド店。マンゴーやパイン、パッションフルーツなど、石垣島産のフルーツを使ったスムージーが人気。スイーツのほか、タコス（550円）やタンドリーチキン（550円）などフードも充実している。

MAP 折込C-3　**交** 離島ターミナルから徒歩すぐ　**住** 石垣市美崎町4 ホテルTHIRD 1F　**電** 0980-88-8151　**営** 10:00 〜 17:45（11 〜 2月は10:00 〜 17:00）　**休** 不定休　**カード** 可　**URL** mangofarmkitchen.com

石垣島

C 宮良農園
みやらのうえん

海を眺められるパーラー

高台にあり眼下に美しい海を望むパーラー。農園で取れた石垣島のフルーツなどを使ったジュースがいただける。パッケージがかわいいジャムなどの加工品はおみやげにおすすめ。アンパル陶房を併設している。

MAP P.118C-3　**交** 離島ターミナルから車で約15分　**住** 石垣市新川1134　**電** 0980-83-4077　**営** 11:00 〜 17:00（16:30LO）　**休** 火・水曜　**駐車場** あり　**URL** miyara-nouen.com

至福の一杯を堪能したい！
必食の石垣グルメ！
八重山そばの名店

石垣島人のソウルフード、八重山そば。沖縄そばとは少し違っていて、麺が細くて丸くコシが強い。また、具材が短冊切りとなっているのも特徴のひとつ。そんな八重山そばの名店をご紹介。

石垣島
八重山そば処 来夏世
やえやまそばどころ くなつゆ

王道の八重山そばを味わえる店

　小学校の隣にある民家を店舗に利用。のどかな雰囲気も好評な人気そば店。麺は丸麺でスープは豚骨ベース。具材には短冊切りした豚ロースと沖縄かまぼこが入った王道の八重山そば（500円〜）が味わえる。じゅーしーも付いた八重山そばセット（850円）がおすすめ。

ほっこりできる癒やしの空間

❶島の胡椒ピパーツが効いているじゅーしーも売り切れ次第終了
❷静かでくつろげる店内
❸緑あふれる庭に癒やされる。地元でも人気のそば屋さん

MAP 折込D-1　**交** 離島ターミナルから車で約10分
住 石垣市石垣203
電 0980-82-7646　**営** 10:00 〜 14:00(LO)
休 水・木・日曜　**駐車場** あり　**予約** 不可

voice そば店でオーダーするときのサイズは、大・中・小があるところがほとんど。女性なら小、男性でも中をチョイスするのがおすすめ。大はかなりの量で出てくることが多い。

重ね合わせ製法で
コシの強い麺

左／島そば 715 円。コシが強い細平麺は、保存料着色料を使用しない昔ながらの味わい
右／ジューシー 330 円

石垣島
島そば一番地
しまそばいちばんち

昔ながらの滋味深い八重山そば

製麺所直営の八重山そばの専門店。石垣島産の豚とカツオをベースに天然調味料のみで味を調えるというスープは、じっくりとうま味を感じられて、自家製麺としっかり絡む。細かく刻んだ島胡椒ピパーツの葉を混ぜて蒸らし、香りつけをしたジューシーも必食だ。

|MAP| 折込D-2 |交| 離島ターミナルから徒歩約10分 |住| 石垣市字石垣1-1 |電| 0980-88-1781 |営| 10:30〜15:30、18:00〜21:30 (21:00LO) |休| 木曜夜 |駐車場| あり |URL| www.shimasoba-yaeyama.jp/ishigaki |予約| 不可 (15名以上応相談)

八重山そばの相棒たち

八重山そばを食べるときにサイドメニューとしてオーダーしたいのが、沖縄風炊き込みご飯のじゅーしぃだ。それぞれの店の味があるのでそば同様に必食。また、島に自生もしているピパーツという島胡椒がテーブルに置かれているので、そばにかけるのも石垣スタイルだ。

島の調味料！
ピパーツ

じゅーしぃも
必ずオーダー

こんな八重山そばもある

からそば→ P.63
八重山そばの袋麺とサバ缶などをビニール袋に入れてもんで作る、石垣のB級グルメ。

牛そば
牛肉や牛モツと野菜を煮込んで作る牛汁と、八重山そばを合わせたメニュー。島人に大人気。

右・左／八重山そばと沖縄風炊き込みご飯の「じゅーしー」。売り切れることが多いので早めの来店を

竹富島
そば処 竹の子
そばどころ たけのこ

味わい深い八重山そばが堪能できる

創業50年の老舗。鶏ガラと豚骨の合わせだしのスープは上品な味わいで、八重山そば（900円）やじゅーしー（300円）が美味。手作りのピィヤーシ（1000円）はおみやげに。

|MAP| P.122A-3 |交| なごみの塔から自転車で約5分 |住| 竹富町竹富101-1 |電| 0980-85-2251 |営| 10:30〜15:30 (15:20 LO、ディナーは予約のみ) |休| 土・日曜

❶ ピィヤーシとはおもに八重山諸島で用いられる胡椒のこと。竹富島に自生しているもので手作りしている　❷ 西桟橋からも近い場所にある

石垣島
あらかわ食堂
あらかわしょくどう

牛そばの名店

第1回やえやまそば選手権「オリジナルそば汁部門」で優勝した牛そば（900円〜）が美味。

上／やみつきになる牛そば
下／店舗外観

|MAP| P.118C-4 |交| 離島ターミナルから車で約10分 |住| 石垣市新川2376-16 |電| 0980-83-7422 |営| 11:00〜15:30、17:00〜19:00 |休| 日曜 (不定休あり) |駐車場| あり |URL| localplace.jp/t100151165/ |予約| 不可

石垣島
金城製麺
きんじょうせいめん

製麺所のオリジナル麺

公設市場の金城製麺所の店舗で食べられる、八重山そばのピリ辛まぜそば（1000円）は、ここだけの味わい！

左上／八重山そばのピリ辛まぜそば
左／店舗は石垣市公設市場内

金城製麺の情報は→P.64

石垣島に来たら一度は味わいたい！
島が誇る美味の王様♡石垣牛

石垣牛は、島に来たら一度は味わいたい美味のひとつ。島の自然のなかでのびのび育まれた石垣牛は肉質が軟らかくうま味のバランスがよい！　少々お高いイメージがあるが、お膝元の石垣島なら手の届くメニューに出会える。

左／特得盛2名9800円〜。石垣牛KINJOBEEFがこの値段で楽しめるお得な盛り合わせ。2名以上からオーダーできる　中／長期肥育された雌牛の肉を使用している　右／焼肉以外のメニューも豊富で、子供連れにも利用しやすい。人気店なので、旅行が決まったらすぐに予約しておくのがベター　下／店舗外観

石垣島

石垣牛専門 焼肉 金城
石垣島大川店
いしがきぎゅうせんもん やきにく きんじょう
いしがきじまおおかわてん

石垣牛を思いっきり味わえる！

石垣牛を堪能できる焼肉専門店

　石垣牛専門の牧場直営の焼肉店。ここでしか味わえない石垣牛のトップブランド「KINJOBEEF」は、軟らかくて美味。焼肉はもちろん、ステーキなどでも味わうことができる。石垣牛の長期肥育の雌牛など希少部位のメニューもあるのでオーダーしてみよう。

MAP 折込D-2　交 離島ターミナルから徒歩約10分
住 石垣市大川278　電 0980-87-9808
営 11:00〜15:00、17:00〜22:00　休 不定休
カード 可　駐車場 なし　予約 要予約

追加オーダーしてしまう！

左／うわさの先島牛にぎり3貫1800円。肉を軽くあぶることで、うま味を閉じ込めた肉寿司。口の中で肉がとろける！　右／先島牛100%手作りハンバーグ1600円。A5黒毛和牛100%使用の贅沢なハンバーグ　下／店舗外観

MAP P.119D-4　交 石垣空港から車で約20分　住 石垣市真栄里547-7　電 0980-82-4400　営 ランチ11:30〜14:00（13:30LO）、ディナー 17:00〜21:30（21:00）　休 火曜　カード 可　駐車場 あり　URL ishigakiya.com　予約 可

石垣島

石垣屋　いしがきや

石垣島生まれの黒毛和牛が味わえる

　沖縄の風情を感じる赤瓦の店舗が印象的な有名店。石垣島で生まれ育った黒毛和牛を一頭買いして、黒毛和牛のみを提供している。焼肉などのコースはもちろん、単品メニューも豊富。個室もありゆっくりくつろげるので、子供連れでも利用しやすい。人気店なので、事前予約がマスト！

  「石垣牛」はJAの登録商標。そのため、美崎牛や先島牛、KINJOBEEFなどという名前がついている牛肉もあるが、これらも石垣島で育まれた石垣牛。おいしくいただこう！

高嶺の花だけど味わってみたい！
石垣牛をお手軽に食べる方法とは？

石垣島現地で食べる石垣牛は、県外で食べるよりも比較的安価。しかしながら、もっとお手軽に食べたいという人も少なくないだろう。石垣島取材歴25年のライターがその方法をお教えします。

石垣島
石垣牛のグルメハンバーガー
バニラデリ
ばにらでり

石垣牛100%のパティを使ったハンバーガー。石垣牛のパティを使ったハンバーガーは数種あるが、おすすめは写真のアボカドわさびソース（1196円）。

うま味を濃厚に感じられる石垣牛とアボカド、わさびソースの相性が抜群で美味！

MAP 折込D-2
交 離島ターミナルから徒歩約5分
住 石垣市石垣12-2
電 0980-83-3270
営 11:00〜20:00（売り切れ次第終了）
休 不定休 **カード** 不可
駐車場 なし

石垣島
石垣牛のハンバーガー！
Heart Land
はーとらんど

石垣牛100%のハンバーガーが食べられるバーガーショップ。肉汁たっぷりのハンバーガーは、軟らかいバンズと相性抜群。ほかに石垣島産のマンゴーやパイナップルを使ったスイーツも。

石垣牛バーガー 2180円。軟らかいパンが肉汁のうま味を吸収。店は石垣市公設市場内にある

MAP 折込D-3
交 離島ターミナルから徒歩約5分
住 石垣市大川208
営 10:30〜17:30
休 不定休 **カード** 不可
駐車場 なし

現地ライターが "石垣牛をお手頃価格で食べる方法" をこっそり伝授！

石垣島現地では、県外よりは比較的安く石垣牛を味わうことができる。とはいえ、自分には手が出ない、でも食べたい……。そんなあなたに、石垣牛をお手頃価格で食べられる方法をふたつ伝授。

まずひとつめは、ハンバーガーで味わう方法。バニラデリや、Heart Landのように、石垣牛を使ったパティのハンバーガーなら、そのおいしさを十分に堪能できるだろう。

ふたつめは、石垣島内で石垣牛を購入して自分で調理する方法。バラ肉やハンバーグなどをチョイスすれば、かなりお手頃に石垣牛が手に入る。購入場所は、JAファーマーズマーケットやえやま ゆらていく市場（→P.88）や、南ぬ島石垣空港（→P.16）の売店がおすすめだ。

❶石垣牛を購入してバーベキューするのも楽しい ❷ハンバーグなら調理するのもラク ❸バラ肉ならお値段もお手頃

丸く優しいのに骨太な味がする「宮之鶴」は宮良集落が誇る泡盛

❶「宮之鶴」は島内の酒販店などで購入できる ❷ラベル貼りもひとりで作業 ❸島独特の泡盛の結び方

希少な泡盛「宮之鶴」ができるまでを追ってみた

石垣島でいちばん小さい酒造所

石垣島でいちばん小さな酒造所といわれる仲間酒造。
石垣島内でも希少な泡盛「宮之鶴」は、たったひとりの職人の手で造られていた。

昔ながらの製法で造る希少な島の泡盛

　石垣島のなかでも、古い行事ごとが脈々と継がれていることでも知られる宮良の集落。島でいちばん小さな酒造所「仲間酒造」はこの宮良にあり、行事ごとに欠かせない泡盛を造っている。

　仕込みからラベリングまで、職人がひとりで切り盛りしているため、造る量が限られてしまうのと、集落内が優先ということもあり、島内でも希少な泡盛「宮之鶴」は、ぜひ味わってほしい逸品だ。

仲間酒造
MAP 121A-3
交 石垣空港から車で約15分
住 石垣市宇宮良956　休 日・祝日
URL miyanotsuru.com
通販 store.shopping.yahoo.co.jp/nakamashuzo
※酒造所見学は要予約
※前花さんのインタビューは→P.108

泡盛ができるまで

① 洗米
　泡盛の原料タイ米をよく洗い米ぬかを落とす
② 浸漬
　洗ったタイ米に水を吸収させる
③ 蒸し
　水を吸収させたタイ米を蒸していく
④ 黒麹菌種付け
　蒸米に種麹を植え付けて麹を造る
⑤ もろみ
　水と米麹に泡盛酵母を入れ発酵させ熟成させる
⑥ 蒸留
　熟成したもろみを直火加熱で蒸留し、ろ過させる
⑦ 熟成
　ろ過した泡盛を貯蔵タンクで熟成する
⑧ 容器詰めなど
　瓶に詰め、手作業でラベルを貼っていく

愛情かけて仕込んでます

上／時間をかけて熟成させる　中／直火加熱で濃厚な酒が抽出される　下／貯蔵タンク

voice　蒸留器で蒸留するときに、最初に出てくる泡盛は「花酒」（はなさき）と呼ばれアルコール度数が高い。与那国島では、アルコール度数60度の花酒が製造されていて、行事ごとに使用されてきた。

ゲンキ クール

島のコンビニでも購入できる

左／ゲンキクールサイダー1本 250円
右／ゲンキクール 473㎖ 159円

昭和レトロでかわいいキャラ♡

ゲンキ乳業
☎82-3452

牛乳配達の車に描かれていたゲンキ君は、島人のアイドル。店内では貴重なアイテムの展示もしている

石垣島で知らない人はいない！？
石垣島のアイドル "ゲンキ君" とは？

石垣島のアイドル的存在、ゲンキ君とはいったい誰？
ご当地キャラのワクにとどまらない、
島の人々に愛され続けるゲンキ君を徹底取材♪

石垣島限定キャラ ゲンキ君グッズに注目！

　ゲンキ君とは、石垣島限定・八重山ゲンキ乳業の公式キャラクターのこと。八重山ゲンキ乳業が創業したのは1957年。それ以降現在まで、石垣島の島人なら知らない人はいないというほどの、有名なキャラクター。さらに、このゲンキ君がパッケージに描かれた乳酸飲料「ゲンキクール」も、島の子供たちになくてはならない飲料なのだ。

　そんな島のアイドル、ゲンキ君の公式キャラクターグッズ専門店が「ゲンキショップ 石垣美崎町本店」。ここでしか手に入らないグッズはもちろん、八重山ゲンキ乳業と共同開発したという「ゲンキクールサイダー」や、ゲンキ牛乳を使った「濃厚ゲンキシェイク」なども店頭で味わうことができる。愛らしいゲンキ君のグッズはおみやげにもおすすめなので、チェックしてみて。

グッズもかわいい♡

①トートバッグ 2178円
②Tシャツ 3080円〜。カラーも豊富で子供用サイズもある

石垣島限定ドリンク！

①

④

②

③

③クールグミ 250円。箱買いする人も！
④濃厚ゲンキシェイク S 460円、ゲンキクール R 240円

ゲンキショップ 石垣美崎町本店
MAP 折込D-3
交 離島ターミナルから徒歩約5分
住 石垣市美崎町9-1　☎ 0980-82-8676
営 10:00〜21:30　休 なし　駐車場 なし
※そのほかの情報は→P.22

オリジナルソングが流れる店内には楽しいコラボグッズがずらり！

VOICE　濃厚ゲンキシェイクは、石垣島内でもゲンキショップ（石垣美崎町本店、石垣空港店、みんさー工芸館店）でしか飲むことができないレアスイーツ。牛乳の味はしっかり味わえるのにほどよい甘さで、意外とスッキリ飲めておいしい♪

これが
オニササ！

① 好みのフライ物を選ぶ

② 好みのソース
などで味つけ

④ ビニール袋の中で
ギュギュッと握る

③ おにぎりを選ぶ

味が濃くて大ボリューム。腹ぺこ中高生にはたまらない！

石垣島の子供や若者に大人気
"オニササ"の作り方

テレビ番組で紹介されて一躍人気となった石垣B級グルメ、オニササ。
発祥店でもある知念商会でその作り方を教えてもらった。

計算され尽くした？
完璧なB級グルメ

石垣島にはさまざまなB級グルメがあるが、なかでも有名なのが「オニササ」。おにぎりとササミのフライを使っているので、オニササなのだ。

オニササの発祥店でもある、知念商会のオーナーさんに話をうかがったところ、30年以上前に店の近所にある学校の生徒の誰かがやり始めて、知らないうちに広まっていたのだとか。今では、小腹がすいた子供や若者たちが当たり前にパクついている。

作り方は簡単。ショーケースに入っているおにぎりとササミのフライをビニール袋の中に入れて、ソースやマヨネーズ（ソース以外は有料）などをお好みでプラス。そのままギュギュッと握りながら、新たなおにぎりに握りなおし、袋に入ったまま食べる。手も汚れないし持ち運びもラク。さらに、安くて大ボリュームと、若者にとってはうれしい食べ物。考えた人、天才！

早速食べてみると、これがかなりお

いしい！　ササミとふりかけおにぎりの絶妙な相性にも驚いた。大き過ぎるかなと思いきや、結構ペロリといけてしまう。オニササは、ちょっとクセになる味わいで、完璧過ぎるB級グルメだ。

上／ビニール袋とトングを設置
左下／オニササTシャツ 3300円
右下／ショーケース

コレを着れば
さらに完璧！

知念商会
MAP 折込F-1
交 離島ターミナルから車で約10分
住 石垣市登野城1249-18
電 0980-82-9664　**営** 7:00〜19:00
休 なし　**駐車場** あり

お総菜や食品などありとあらゆる商品が販売されている島のスーパー。おみやげも見つかる

voice オニササの発祥店、知念商会は宮良に支店がある。本店が混雑しているときは、こちらの店舗に行ってみよう。もちろんオニササも食べられる。知念商会宮良店 **住** 石垣市宮良102

胡麻と唐辛子の2種類あり

ジャンクな麺料理
からそば

手軽にできて劇的においしい!

　からそばとは、石垣島で日常的に食べられているジャンクな麺料理。海人(うみんちゅ、沖縄の言葉で漁師のこと)が考案したともいわれている。作り方は超簡単。八重山そばの生麺の袋を開け、そこにマグロ缶やサバ缶を放り込みもむだけ。そのまま皿に盛ればできあがり。皿にさえ盛らず袋のまま食べる人もいる。お酒にも合うので、アテにするお父さんも。お母さんがいなくても、子供でも自作できる貴重な料理?なのだ。最近では、金城製麺が「からそばのタレ」を発売。これをプラスすると、さらにおいしいからそばができあがる。八重山そばの袋麺は日持ちがしないので、帰り際に購入して家でササッと作って食べるのが、石垣ツウ!

❶八重山そばの袋麺はスーパーや商店などで販売している　❷からそばのタレ850円。石垣市特産品販売センター(→P.88)などで購入できる　❸おみやげに購入する場合は賞味期限の確認を　❹混ぜるとこんな感じになる。ニラやネギなど薬味をお好みで足してもおいしい

まだまだあります

石垣島の当たり前グルメ

左ページのオニササだけではなく、石垣島には島人が普通に食べている個性的な当たり前グルメがいろいろある。そのなかから、代表的なものをふたつご紹介。材料をおみやげに購入して、家でまねしてみて。

常用の香辛料
ピパーツ

八重山そば屋に常備される島では欠かせない調味料

　ピパーツは石垣島や八重山の島々でよく使われている調味料。ほのかに甘い香りがする島胡椒のことで、ヒハツ、ピパチなどと呼ばれることもある。八重山そば屋のテーブルの上に常備されているので使ってみよう。サイドメニューのじゅーしー(沖縄風炊き込みご飯)に混ぜられていることもあるし、刻んだピパーツの葉っぱを加えている店もある。石垣島ではスーパーや商店で販売されていて、チャンプルーなどの家庭料理にもよく使用されている。トマトパスタや冷や奴などにプラスしてもおいしいのでお試しあれ。かなり汎用性の高い島の調味料は、おみやげにもおすすめだ。

みやげ店などで購入できる

スーパーでも販売している

❶おみやげ店で必ず見つかるので探してみよう　❷これがピパーツの実。乾燥させて粉にする　❸ピパーツの葉が混ぜこまれているじゅーしーは、八重山そば処 来夏世(→P.56)や、島そば一番地(→P.57)などで味わえる

---

voice 竹富島の「そば処 竹の子」(→P.57)では、島に自生しているピパーツで手作りした商品を販売している。竹富島リピーター必見の人気商品なので、竹富島を訪れたらチェックしてみよう!

石垣市公設市場の楽しみ方

グルメも買い物も満喫できる公設市場は、石垣旅の必訪スポット!

石垣市公設市場：いしがきしこうせついちば　**MAP** 折込 D-3　交 離島ターミナルから徒歩約5分

住 石垣市大川 208　電 店舗により異なる　休 第2・4日曜　駐車場 なし

公設市場の
おみやげ情報
まだまだあります
→ P.88

POINT 1 ランチ処で利用しよう

昼飲み処におすすめ!
ひとくち亭

　石垣島にある全酒造所の泡盛を少しずつ飲み比べできるフードスタンド。アテには、もろみ豚や石垣牛を使った串ものなどがオーダーできる。アルコールは泡盛のほかにオリオンビールや発泡酒なども。

❶泡盛飲み比べセット30度 500円、古酒 1000円
❷ひとくちセット 1200円。もろみ豚の串カツや石垣牛のあぶり寿司がいただけるお得なセット　❸スタンド店だがイートインスペースもある

ひとくち亭　営 10:30〜17:00

石垣を代表する製麺店
金城製麺

　石垣島の2大製麺所のひとつ、金城製麺の店。「元祖丸麺八重山そば」（700円）や、オリジナルの「八重山そばのピリ辛まぜそば」（1000円）がおすすめ!

❶八重山そばのピリ辛まぜそば　❷コシのある丸麺でおなじみの製麺所　❸袋麺も販売しているのでおみやげにおすすめ

金城製麺　営 10:00〜17:00

POINT 2 おみやげを探そう

竹富町のスイーツショップ
竹富町商店

　竹富島や西表島など、竹富町の島々のフルーツなどの食材を使ったスイーツが味わえるショップ。なかでも、大浜農園の米粉を使った人形焼（100円〜）が人気。お菓子や食品、Tシャツなどのアイテムも販売しているので、おみやげにもおすすめ。

竹富町商店　営 10:00〜18:00

島で採れる旬の果物・野菜を販売
フルーツショップ　サン石垣

　石垣島の農家が丹念に育てた果物や野菜を県内外へ出荷している卸店が営む直営店。パイナップルやマンゴーだけでなく、青パパイヤ、島らっきょう、紅芋などの野菜も充実。島のフルーツを使った搾りたてのジュースやアルコール入りのサワーも飲める（400円〜）。

フルーツショップ　サン石垣　営 10:00〜17:00

島の魅力に触れる文化体験

ミンサー織りからシーサー作り体験、ラー油作りまで。石垣島でできる文化体験をご紹介。
雨の日のアクティビティにもおすすめ！

石垣島　みんさー織り体験・手作り体験 Aコース

所要時間 20〜30分　**料金** 1500円
開催時間 9:30〜16:30

八重山諸島を代表する伝統工芸、ミンサー織りが体験できるプログラム。「いつ（五）の世（四）も末永く私のもとに通ってください」という意味が込められた柄を自分で織り込んで、大切な人に贈ろう。

写真提供／(株)あざみ屋
(AZAMIYA CO.,LTD)

左／真ん中に「いつよ」の柄が入ったコースターなど　左上／心地よい音が響く織物を体験できる　右上／赤瓦が美しい工芸館

あざみ屋 みんさー工芸館本店
MAP P.119D-4　**交** 離島ターミナルから車で約10分
住 石垣市登野城909　**電** 0980-82-3473　**営** 9:00〜18:00　**休** なし　**カード** ショップは可　**駐車場** あり　**URL** minsah.co.jp
予約 来店時OK※体験は小学4年生／身長130cm以上

他にこんな物も作れる
Bコース／テーブルセンター **所要** 45〜50分 **料** 2500円
Cコース／テーブルセンター大 **所要** 50〜90分 **料** 3500円
Dコース／タペストリー **所要** 3〜4時間 **料** 8500円

あざみ屋 みんさー工芸館本店→P.91

石垣島　シーサー作り体験

所要時間 約90分　**料金** 2500円〜
開催時間 9:00〜11:00、13:30〜16:00

保護者同伴

川平湾の近くにある陶房「川平焼 凜火」の店内で行う陶芸体験プログラム。シーサー作り体験は、台座にパーツを付けていくだけ。簡単なので子供も一緒に楽しめ、家族の思い出作りにもぴったり。

問い合わせ
川平焼 凜火
→P.85

家の玄関に飾ろう♪

できあがり。このあと、焼いて仕上げたものを自宅へ送ってくれる（送料別途必要）

シーサーの土台があるので、小さな子供でも簡単に体験ができる。自分のイメージでパーツを付けていく

ほかにこんな物も作れる
器つくり体験 **所要** 30分 **料** 3500円
アクセサリー作り体験
所要 15分 **料** 1800円＋ひもとビーズ代金別途200円

石垣島　手作り島ラー油作り体験

所要時間 30〜60分　**料金** 3000円(2瓶)
開催時間 10:00〜17:00

保護者同伴

石垣島のスパイスを使って、ラベルや辛さもチョイス。自分だけのオリジナルラー油を作ることができるユニークな体験プログラム。簡単にできるので、子供と一緒に楽しめる。

特製オイルを加えて混ぜ合わせる

瓶に詰めてできあがり。オリジナルラベルを付けてくれる

約20種の具材から配合

手作り体験工房ゆんたく
MAP 折込E-3　**交** 離島ターミナルから徒歩約7分　**住** 石垣市登野城170　**電** 0980-87-0125　**営** 10:00〜17:00（夏季変動）
休 不定休　**カード** 可
駐車場 あり　**URL** www.yunta9.com

VOICE 集落にある小さな商店をのぞいてみると、島人が手作りした民具が販売されていることがある。希少なアイテムなので、手仕事物が好きな人は、運よく出合えたらマストバイ！

島のやちむんが生まれる工房へ

やちむんとは沖縄の言葉で焼物（陶芸）のこと。石垣島の自然豊かな場所にある工房では、素朴で優しいやちむんに出会うことができる。大切な旅の思い出を探しに行きませんか？

お料理するのが
楽しくなりそう♪

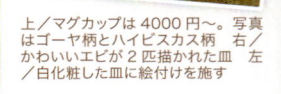

石垣島

石垣島 南島焼
いしがきじまなんとうやき

島の自然が楽しめるやちむん

　良質な土と水を求め、人里離れたエリアに工房を開いてほぼ半世紀という石垣島を代表する工房。作品はいずれも、石垣の動植物がテーマ。奈美さんによる躍動感あふれる筆致で描かれている。

MAP P.121A-2　**交** 石垣空港から車で約30分　**住** 石垣市川平1218-263　**電** 090-9780-3529　**営** 12:00〜17:00　**休** 不定休

上／マグカップは4000円〜。写真はゴーヤ柄とハイビスカス柄　右／かわいいエビが2匹描かれた皿　左／白化粧した皿に絵付けを施す

ぜひ来てくださいね♪

2年に1度、秋に行われる島の女性の作り手による展示会「みーどぅん達のていわざ展」に作品を出しています／奈美・ロリマーさん

代表
奈美・ロリマーさん

緑に囲まれた自宅兼アトリエ。毎月数百単位の作品を手がけているため、1作品2時間で絵を描く。やちむんには庭に流れる小さな川の水を使用し、川の生き物も作品に描いている

上／アトリエの隅に並べられた絵付け後の皿。右側がゴーヤ、左側が珊瑚礁と魚。カラフルな色合いで元気がもらえる　左／作家自作の普段使いの皿。島の花が描かれている（非売品）

工房を訪れる際は事前に連絡を入れよう。また、このページに記載されている価格は工房価格。ショップの販売価格と異なる場合がある。

縦書き右側：島カルチャー　▶　島のやちむんが生まれる工房へ

石垣島 やまばれ陶房
やまばれとうぼう

石垣の空と海のブルーを表現

毎年開催される「石垣島やきもの祭り」にも注目してくださいね

石垣の空と海から生まれるさまざまな「ブルー」をテーマにした魅力的なやちむんに出会うことができる。工房からは作品にも反映されている美しい海と空の色を見渡すことができる。

普段使いしながら石垣の空と海を思い出してください／神野泰子さん

1 コーラルブルーのマグカップや皿、碧釉（へきゆう）のピッチャーはすべて一点物　2 シルバーアクセサリー店 RINGRING と共同でつくったピアスは 4000 円〜　3 工房での作業風景

MAP P.121B-2　交 石垣空港から車で約20分　住 石垣市川平1216-252　電 0980-88-2135　営 10:00 〜 12:00、14:00 〜 17:00　休 不定休　カード 不可　駐車場 あり

石垣島 島いろ窯
しまいろがま

透明感あふれるブルーの器たち

崎枝半島の自然の中にある工房。透明な石垣の海と空を思わせる作品たちは、まるでガラスのようで、食卓を美しく彩ってくれる。手になじむ絶妙なサイズ感で普段使いもしやすい。

繊細なブルーで料理や飲み物が映える

修業は南島焼（P.66）で。求められるものを作っているうちに今の作風になりました／たてつようこさん

MAP P.118B-1　交 石垣空港から車で約30分　住 石垣市崎枝530-30　電 090-3724-1932　営 10:00 〜 18:00　休 不定休　カード 不可　駐車場 あり

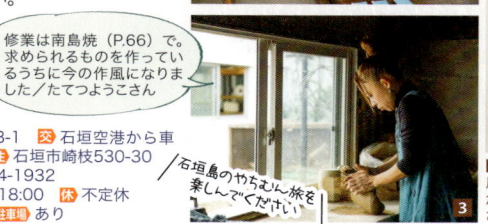

石垣島のやちむん旅を楽しんでくださいね

1 とっくり（右）、フリーカップ 1800 円〜　2 工房の隣が店舗スペース。マグカップ、平皿、角皿などさまざまな食器が並ぶ　3 たてつさんは、石垣島 南島焼の奈美・ロリマーさんの弟子だったのだとか

市街地で買うなら Kayak八重山工房
かやっくやえやまこうぼう

沖縄はもとより日本各地の陶器、ガラス食器など暮らしを彩る手作りの品物を、店主自らセレクト。八重山の器や民芸品も品揃え豊富。素材にこだわった、ここでしか手に入らない服飾品も人気。

1 上から八重山の動物がモチーフのコーヒーカップ 3600 円、パターンマグカップ 5020 円、花楕円皿 12150 円　2 オーバルリム皿 11360 円　3 魚の形の豆皿 1750 円

MAP 折込D-3　交 離島ターミナルから徒歩6分　住 石垣市大川270-1　電 0980-87-5696　営 10:00 〜 21:00　休 なし　カード 可

 毎年12月に石垣市役所で行われる「石垣島やきもの祭り」。石垣のみならず、八重山中の窯元が一堂に集まり、作品を展示している。石垣のやちむんはここでチェックできる。南島焼、やまばれ陶房、島いろ窯も参加している。

島旅気分をとことん堪能する

石垣島のこだわり宿泊スポット

プライベート感満載の1棟貸しやトレーラー、
憧れのリゾートホテルに絶景風呂のあるホテルまで、
テーマ別に宿泊スポットを厳選紹介！ アクティブ派なら離島
ターミナル近くの移動が便利なホテルがおすすめだ！

※1室2名利用1名あたりの最安値（税・サービス
料込み）料金を記載しております。その他の設定
となる場合は設定を記入しております
※料金は変動しますのでウェブなどで確認を

アクティビティも楽しめる宿

ロガシス石垣野底ヴィラ

ろがしすいしがきのそこゔぃら

日本一美しい
星空！

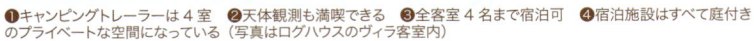

❶キャンピングトレーラーは4室　❷天体観測も満喫できる　❸全客室4名まで宿泊可　❹宿泊施設はすべて庭付き
のプライベートな空間になっている（写真はログハウスのヴィラ客室内）

ログハウスかトレーラー
旅のスタイルに
合わせてチョイス

自然豊かな野底岳（→ P.82）の近くにある
ヴィラで、夜には満天の星が眺められる。
宿泊棟には1棟貸しのログハウスとキャン
ピングトレーラーがあるので、旅のスタイル
に合わせてチョイスしよう。宿泊棟から徒
歩1分の場所に「ロガシステラス」がオー
プンしていて、BBQやアクティビティもあわ
せて楽しめる。

MAP P.120A-3
交 石垣空港から車で約40分
住 石垣市野底698-1　電 0980-87-7907
料 1万7500円〜　カード 可
駐車場 あり
URL www.logasis.com

ロガシステラスがオープン

機材付きのバーベキューテラス。石垣島特産の「石垣牛ステーキ」
「やいま牛ステーキ」など豊富な食材付きのメニュー（要事前予約・
宿泊客優先）もあり、島の自然の中でバーベキューが楽しめる。ア
クティビティツアーも予約できるので、詳細はウェブサイトで確認を。

MAP P.120A-3　交 石垣空港から車で約40分　住 石垣市野底706-1
電 0980-87-7795　営 17:00 〜 21:00　休 なし　カード 可
URL logasis.com/welcome_lt/　予約 要事前予約

プライベート感重視の1棟貸し

海と空 石垣島
うみとそら いしがきじま

絶景が堪能できる宿

川平湾の美しい海をリビングからゆったりと楽しめる貸別荘スタイルの宿。100㎡近くの広々とした2LDKで、地元に暮らしているかのようにリラックスして過ごすことができる。ロフト付きで7名まで利用できる。

プライベート感満点の宿！

❶ダイニングテーブルやソファも完備　❷2名用ベッドルームが2室ある　❸海の絶景を一望　❹自分の別荘のように利用できる

MAP P.121B-2　交 石垣空港から車で約40分　住 石垣市川平1216-211　電 090-8644-5526　料 3万2000円〜（4名・ローシーズン）　カード 可　駐車場 あり　URL www.umitosoraishigakijima.com

Yoga Retreat Village, kSaNa
よが りとりーとびれっじ くしゃな

自然の中でパワーチャージ

赤瓦の沖縄らしい施設に宿泊できる1日1組限定の宿。洋室3部屋、和室1部屋があり最大7名まで利用できる。1棟貸しもしてもらえるが、部屋貸しにも対応してくれる。敷地内にはヨガスタジオやベジタリアンカフェ「ぬちぐさカフェ」（→ P.51）も。

❶敷地内にカフェがあり便利　❷自然の中で静かな時間が過ごせる　❸宿泊棟の洋室　❹ヨガリトリートの受講も可（要事前予約）　❺緑あふれる場所にある複合施設

MAP P.118B-3　交 石垣空港から車で約30分　住 石垣市新川1585-4　電 0980-87-5128　料 5万5000円（1泊素泊まりの場合）※別プランあり。1泊9900円〜　客室数 1棟　カード 可　駐車場 あり　URL yoga.okinawa/about

憧れのリゾートホテル

❶ベイウィングのガーデンにあるプール　❷ベイウィング。ガーデン、プール、海も一望できる豪華な客室　❸島内随一の高級リゾート

❀ ANAインターコンチネンタル石垣リゾート
えいえぬえーいんたーこんちねんたるいしがきりぞーと

石垣島を代表するリゾートホテル

　敷地内にマエサトビーチ（→ P.90）を有する、老舗リゾートホテル。ベイウィングのガーデンに広がるサンセットプールやクラブインターコンチネンタルも人気。

MAP P.119D-4　交 石垣空港から車で約20分
住 石垣市真栄里354-1　電 0980-88-7111　料 オーシャンウイングスーペリアルーム　1万5500円〜（素泊まり）、ベイウィングスーペリアルーム　2万1500円〜（素泊まり）　客室数 458室　カード 可
駐車場 あり　URL www.anaintercontinental-ishigaki.jp

❶海辺に約1kmの敷地が広がる　❷ガーデンテラスオーシャンビューの客室　❸レストランは季節営業を含めて4ヵ所。多彩なメニューを楽しめる

❀ フサキビーチリゾート ホテル&ヴィラズ

ビーチ沿いに広がるリゾートホテル

　亜熱帯の自然あふれる空間に広がるリゾートホテル。敷地内にはフサキビーチ（→ P.90）があり海遊びも楽しめる。レストランやスパ、ビーチバーなどもあり、1日中ホテルで過ごせる。

MAP P.118B-3　交 石垣空港から車で約35分
住 石垣市新川1625　電 0980-88-7000
料 1万5450円〜（朝食付き）　客室数 398室　カード 可
駐車場 あり（宿泊者無料）　URL www.fusaki.com

❶海のアクティビティも豊富　❷デラックスシービューの客室　❸4歳以上は託児施設も追加代金不要。家族旅行にもおすすめ

❀ クラブメッド・石垣島 カビラ
くらぶめっど・いしがきじま かびら

オールインクルーシブのホテル

　滞在中の基本的な食事やドリンク、アクティビティなどが宿泊料金に含まれる、オールインクルーシブのホテル。川平湾（→ P.36）にほど近く、美しいプライベートビーチを備える。

MAP P.121A-1　交 石垣空港から車で約30分
住 石垣市川平石崎1　電 0088-21-7008（東京コンタクトセンター）
料 1名2万1500円〜（1泊3食付き。飲食・アクティビティなどを含むオールインクルーシブ）
客室数 181室　カード 可　駐車場 あり　URL www.clubmed.co.jp

❶サンセットも星空も最高！ 石垣島の雄大な自然に癒やされる　❷ビーチもガーデンプールも目の前　❸てぃーだ館スーペリアツインの客室

❀ 石垣シーサイドホテル
いしがきしーさいどほてる

石垣ブルーの海を見渡すホテル

　目の前に美しい海が広がるビーチリゾート。サンセットの絶景が眺められることでも知られている。ゆったりできる大浴場も好評で、滞在中は、石垣島の海を存分に堪能できる。

MAP P.121A-1　交 石垣空港から車で約40分
住 石垣市川平154-12　電 0980-88-2421
料 8000円〜（朝食付き）　客室数 108室　カード 可
駐車場 あり　URL www.ishigaki-seasidehotel.com

大浴場に癒やされるホテル

❶肌に優しい超軟水のお湯に癒やされる　❷オーシャンビュースタンダードツインの客室　❸島の中心部にも歩いて行ける静かな場所にある

🌸 アートホテル石垣島
あーとほてるいしがきじま

すべてが "ちょうどいい" ホテル

超軟水を利用した保湿効果の高いお湯が自慢の大浴場「にぃふぁい湯」にはサウナも併設。宿泊客以外も利用できる（一般2000円・宿泊者無料）。最上階にある絶景カフェも人気。

MAP 折込E-1	**交** 石垣空港から車で約25分
住 石垣市大川559	**電** 0980-83-3311（代表）
料 9900円〜（朝食付き）	**客室数** 245室　**カード** 可
駐車場 あり　**URL** www.art-ishigakijima.com	

❶湯につかりながら石垣ブルーの海を堪能　❷オーシャンビューの客室「浮舟」　❸目の前のビーチはマリンアクティビティ専用（季節営業・有料）

🌸 石垣島ビーチホテルサンシャイン
いしがきじまびーちほてるさんしゃいん

露天風呂から眺める海の絶景に感動

島の中心部からもアクセスしやすい、オーシャンフロントのホテル。露天風呂付き展望大浴場から一望できる海の絶景は格別。旬の食材がいただけるレストランの料理も好評だ。

MAP P.118B-3	**交** 石垣空港から車で約40分
住 石垣市新川2484	**電** 0980-82-8611
料 1万2100円〜（朝食付き）	**客室数** 114室　**カード** 可
駐車場 あり　**URL** www.ishigakijima-sunshine.net	

離島ターミナル近くで便利なホテル

❶ツインルーム　❷夜ご飯処へも徒歩で移動できて便利　❸郷土料理はもちろん、スイーツなども充実している大満足の朝食ビュッフェ

🌸 ベッセルホテル石垣島
べっせるほてるいしがきじま

朝食ビュッフェが人気の港近ホテル

離島ターミナルや島の中心部へ徒歩圏内で便利。無料サービスの「朝食ビュッフェ」は、八重山そばをはじめ料理の種類が豊富。宿泊者には自転車の貸し出しも（2時間無料）。

MAP 折込B-3	**交** 離島ターミナルから徒歩約6分
住 石垣市浜崎町1-2-7	**電** 0980-88-0101
料 8500円〜（朝食付き）	**客室数** 126室　**カード** 可
駐車場 あり　**URL** www.vessel-hotel.jp/hotel/ishigaki	

❶美崎館ハイフロアツインルーム　❷新設の美崎館外観。ほかに本館もある　❸レストランでは石垣島ならではの料理がいただける

🌸 南の美ら花ホテルミヤヒラ
みなみのちゅらはなほてるみやひら

離島ターミナル目の前の老舗ホテル

離島ターミナルが目の前で、中心部の主要スポットへ徒歩でアクセスできる超便利なホテル。レストランやショップ、大浴場などもあり、滞在中ストレスなく過ごせるのが魅力的。

MAP 折込C-3	**交** 離島ターミナルから徒歩約1分
住 石垣市美崎町4-9	**電** 0980-82-6111
料 8800円〜（素泊まり）	**客室数** 245室　**カード** 可
駐車場 あり（1時間100円）　**URL** www.miyahira.co.jp	

電動自転車も
おすすめ♪

沖縄の原風景をゆったり堪能

竹富島 島サイクリング

竹富島では自転車をレンタルして、美しい集落と海が織りなす美景を巡ってみよう。水牛車に乗って、ビーチや聖地を見学しても、半日あれば満喫できる。

左／赤瓦の古民家が彩る美しい集落　上／自転車は事前予約ができない　下／サンゴの砂の小道をのんびりサイクリングするときは飲み物を持参しておこう

八重山の離島デビューは竹富島がおすすめ！

　八重山諸島初めての旅なら、半日かけて、竹富島を巡ってみては。重要伝統的建造物群保存地区にも選定されている島の集落は、赤瓦の沖縄家と白砂の小道のコントラストが美しく、南の島の花々に彩られている。写真映えする撮影スポットもあちらこちらにあるので、ゆっくりと自転車で巡るのが竹富島での旅のスタイルだ。さらに集落の外れには、沖縄随一の透明度を誇るビーチがあるので、こちらでは1時間ほど時間をとって海遊びを楽しむのもいい。

　船が島に到着すると、レンタサイクルの会社のスタッフがお出迎えしてくれている。事前予約はできないので、ここでスタッフに声をかけて、集落まで送迎してもらう。帰りも港まで送ってくれるので移動もラク。石垣島からの船は便数が多いので、自分の旅の予定に合わせて計画ができる。

竹富島半日モデルコース

- **09:30** 石垣島発
  - 集落の店舗へは自転車屋さんが送ってくれる
- **10:00** 島へ到着後自転車をレンタル
- **11:00** コンドイ浜へ直行して海遊び

ランチのおすすめは「そば処竹の子（→P.57）」の八重山そば

- **11:00** ちょっと早めのランチ
- **12:00** 水牛車に乗車
- **13:00** 集落内をサイクリング（見どころはP.92へ）
- **13:20** 自転車を返却して港へ

ランチにおすすめ

HaaYa nagomi-cafe

上／てーどぅんスウィーツセット1000円。月桃と紅芋で作るさみもちと小ぶりなサーターアンダギーがセットに。ドリンクもセットで付いてくる
右／島に自生しているハーブや島野菜を使った季節の島野菜カレー1200円

島時間が流れる眺めのいいカフェ

窓の向こうに赤瓦屋根の並ぶ集落が見渡せるカフェ。島の素材を使った、季節の島野菜カレーや、手作りの島のお菓子が味わえる、てーどぅんスウィーツセットがおすすめ。

MAP P.122B-3　**交** なごみの塔から徒歩約1分　**住** 竹富町竹富379
電 0980-85-2253
営 10:30～16:00 (LO)　**休** 不定休

> 秘密にしたい美しい場所！

上／海水の透明度が高いイダの浜。目の前に水平線が広がる美しい浜辺　下／白浜港

ディープな島旅を体験！

西表島 足を延ばして奥西表を旅してみよう
（おくいりおもて）

西表島の西の端、白浜港から船でしかアクセスすることができない場所にあるのが船浮集落。この周辺エリアは奥西表とも呼ばれる。

沖縄の島旅好きなら一度は行きたい場所

西表島の奥に「船浮（ふなうき）」という集落があるのをご存じだろうか。かつてはその先にも集落があったが、現在は廃村になっているため、西表島で最も奥地にある集落でもある。50人ほどが暮らしていて、イリオモテヤマネコ発見の地としても知られている。

陸路が利用できないため、船浮へ行くには、路線バスの西の終点でもある白浜の港から定期船を利用する。ちょっと手間はかかるが、それも一興。旅好きにはかなりおすすめの場所なのだ。

編集Kがこの地を初めて旅したのは20年以上前。当時はまだ民宿や飲食店などもなくて、集落内にまちやぐぁー（商店）がひとつあるだけだった。小さな船に乗って、深い緑に囲まれた海をぐんぐん進んでいく間は、「いったいどこまで行くのだろう」と、不安でいっぱいだったが、到着してその気持ちは一蹴された。目の前に現れた素朴な島の風景や自然の姿が、本当に美しかったから。なかでも特に感動したのが、集落の奥にある「イダの浜」（→ P.94）だった。個人的には、沖縄中どこを探してもこんなに美しい浜辺は存在しない！と断言したいほど神々しい浜辺だった。当時は「ああ、これが天国という場所だ」と本気で思った。目の前には果てしない水平線が広がり、海はもはや青でもなく、ただただ透明だった……。

現在では、船浮へはアクティビティ会社のツアーでもアクセスできるが、興味のある人はぜひ定期船に乗って行ってみてほしい。今は、民宿や飲食店もできているので、宿泊すればよりディープな西表島の魅力に触れることができるだろう。

> ここからアクセス！

上／白浜港からの眺め　左／白浜のバス停。上原港からバスで約27分　右／定期船は白浜港から出ている。船浮までは約10分

船浮集落（ふなうき）
MAP P.123A-3　**交** 白浜港から船で約10分　**住** 竹富町西表

ピナイサーラの滝。沖縄の言葉でピナイは髭、サーラは下がっているものという意味。落差約55mの沖縄最大の滝
© OCVB

マングローブ探検に滝巡り

西表島 ネイチャー体験

西表島を旅する人のお目当てのひとつが、大自然を間近で体感すること。プロのガイドに案内してもらって、自然への理解を深めよう！

自然ガイドのツアーに参加するのがおすすめ

　せっかく西表島に来たからには、大自然を間近に感じる体験がしたいところ。そんなときにおすすめなのが、アクティビティ会社が催行しているネイチャーツアーだ。東洋のガラパゴスとも称される西表島は、島全体にジャングルが広がっている。そして、このジャングルは希少な野生生物や植物が暮らす場所でもある。自然世界を汚さず、自分たちの安全も確保しながらネイチャー体験をするには、西表島を知り尽くしたガイドに案内してもらうのが安心だ。西表島が属する竹富町では、「竹富町観光案内人条例」が施行されている。そのため、ツアーを選ぶときは「竹富町観光案内人免許」を所持したガイドがいるアクティビティ会社を選ぶことが重要だ。

　西表島で体験できる自然ツアーで人気があるのは、滝を目指すカヌーやトレッキングのツアーと、仲間川や浦内川を遊覧するリバークルーズだろう。西表島には、大小合わせて100以上もの滝があるといわれている。なかで

も有名なのが、「ピナイサーラの滝」と「マリユドゥの滝」、「カンピレーの滝」。半日ツアーなどもあり、比較的アクセスしやすいので、初心者はまずこれらの滝を目指すツアーに参加してみてはいかがだろう。西表島の亜熱帯の原生林が広がるジャングルの中で過ごす時間は、一生の思い出になるはずだ。

　リバークルーズは、西部なら浦内川、東部なら仲間川が有名。マングローブ林を見ながら、のんびりと遊覧船に乗ってクルーズできるため、体力に自信がない人でも手軽にネイチャー体験ができる。

　西表島の自然は魅力的で、島内には上記で紹介した以外にもたくさんのツアーがある。自分の体力や旅のスケジュールと相談しながら吟味して、貴重な体験を楽しもう。

© OCVB

© OCVB

© OCVB

❶ナーラの滝。幻の滝ともいわれ行くのが大変な滝でもある　❷カンピレーの滝。神の座という意味の名をもち日本の滝100選にも選出された滝　❸マリユドゥの滝。丸い淀みという意味をもつ人気の滝　❹クーラの滝。幸運を呼び込むという意味をもつ小さな滝

滝を目指すツアーは半日
コースと1日コースがある

カンピレーの滝までは徒歩で
1時間ほどで到着

西表島マリウド

　西表島のさまざまな滝を案内するツアーが多数あるショップ。カヌーやトレッキングのほかにも、スノーケリングやナイトツアーなど、ツアーの種類も豊富。初心者にもおすすめ。

MAP P.123B-2
交 上原港から車で約5分　**住** 竹富町上原981-14
電 0980-85-6578　**URL** mariud.com

おすすめツアーはコレ!
ピナイサーラの滝カヌー&トレッキング（1日コース）
料 大人1万3000円　**開催時間** 9:30〜16:00　**所要時間** 約6時間30分　**予約** 事前予約が必要　※その他詳細は直接確認を

浦内川観光

　島の西部にある浦内川流域でのツアーを開催する老舗ショップ。遊覧船で上流の船着き場へ行きそこから滝を目指す。ガイドなしで予約のいらない遊覧のみのコースもある。

MAP P.123B-2
交 上原港から車で約10分　**住** 竹富町上原870-3
電 0980-85-6154　**URL** urauchigawa.com

おすすめツアーはコレ!
浦内川ジャングルクルーズと亜熱帯の森トレッキング
料 大人1万円　**開催時間** 10:00〜15:00　**所要時間** 約5時間　**予約** 事前予約が必要　※その他詳細は直接確認を

高速船で大原港に到着したら
ショップじゅごんで受付

密林の奥深くにある神秘の滝
へ。健脚向けのツアー

西表島交通

　マングローブの流域面積が日本一の仲間川を遊覧船で巡るツアーを開催。大原港から出発するので、アクセスが便利。体力に自信がない人でも気軽にネイチャー体験ができる。

MAP P.123A-4
交 大原港から徒歩すぐ　**住** 竹富町南風見　**電** 0980-85-5304
（8:30〜16:30）　**URL** www.iriomote.com/top/onlycruize/

おすすめツアーはコレ!
仲間川マングローブクルーズ
料 マングローブコース大人3000円（2025年4月より）
開催時間 ウェブで確認を　**所要時間** 約1時間　**予約** 当日参加可
※その他詳細は直接確認を

島廻遊 （しままりあしび）

　沢登りやキャニオニング、西表島横断など、本格的なネイチャーツアーを催行。より深く自然を体感したいという上級者におすすめ。西表島を知り尽くしたベテランガイドが案内してくれる。

MAP P.123A-2
交 上原港から車で約15分　**住** 竹富町西表984-1
電 090-7585-6781　**URL** www.simamariasibi.com

おすすめツアーはコレ!
西表島最後の秘境 マヤグスクの滝ジャングルトレッキングツアー
料 1名3万3000円、2名以上1名2万3000円　**開催時期** 10/1〜5/30　**所要時間** 約7時間30分　**予約** 事前予約が必要
※その他詳細は直接確認を

由布島 水牛車に乗ってプチトリップ

水牛車に揺られながら浅瀬の海を渡る体験が人気の由布島。
かつては人が暮らしていた歴史のある小さな島の魅力に触れよう。

夫婦が築きあげた手作りの亜熱帯楽園

　由布島は周囲約2kmの小さな島で、現在は「亜熱帯植物楽園 由布島」というアミューズメント島として人気を博している。西表島にある「旅人の駅」でチケットを購入し、浅瀬の海を水牛車で渡ってアクセスするのが一般的。

　由布島にはかつて人が暮らしていた歴史がある。土地が稲作に適さなかった竹富島や黒島の島民が、水田を由布島に開墾したのがその始まり。集落や小学校、定期航路がある時代もあったのだが、1969年の台風被害によって島全域が水没。島の人々は西表島へ移住することとなった。現在の亜熱帯植物楽園の姿は、そのときに移住せず由布島に残った西表正治夫妻により作り上げられた。

　西表夫妻が1頭の水牛で土を運び、ヤシや花を植え続けて築いた手作りの楽園には、蝶々園や水牛の池などがあり散策しながら見学できる。また、小学校の校門跡や浜辺、木々が静かに生い茂る道など、かつての島の姿を彷彿させる場所もあり興味深い。八重山の素材を味わえるレストランや、おみやげが購入できる商店もあるので、上陸して1日ゆっくりと巡ってみるのも楽しい。

上／水牛車乗り場にある看板。記念撮影しよう
下／由布島の入場チケットを販売している「旅人の駅」

賢い水牛と一緒に楽しいプチトリップ

亜熱帯植物楽園 由布島

😊 0歳～OK

MAP P.123C-3
交 西表島から水牛車で約10分
営 9:15～16:30（潮の干満により変更あり）
休 なし
駐車場 あり
住 竹富町字古見689（西表島サイド旅人の駅）
電 0980-85-5470
料 往復水牛車＆入園料大人2000円
URL yubujima.com

水牛車時刻表

西表島発	由布島発
9:15	—
9:45	10:00
10:15	10:30
10:45	11:00
11:15	11:30
11:45	12:00
12:15	12:30
12:45	13:00
13:15	13:30
13:45	14:00
14:15	14:30
14:45	15:00
15:15	15:30
15:45	16:00
—	16:30

定期船のない旅人憧れの地

新城島 スノーケリング＆島巡り

島旅好き憧れの地、新城島に初上陸。「新城島観光」の島人ガイドさんの案内で、神秘の島の魅力に触れることができる。

美しい海と手つかずの自然 清らかで雄大な風景に感動

　「神秘の島」ともいわれる新城島。定期船がないため、個人で上陸することはできないが、ツアーに参加することで訪れることができる。

　出発は西表島の大原港。おすすめは島出身の本底さん親子がガイドをしてくれる、新城島観光のツアー。船に乗って10分ほどで島が見えてくると、まずその海の青の深さに度肝を抜かれる。港に到着する頃には、珊瑚礁が透けて見える美しい海に言葉を失う。これだけの美麗な海は見たことがない。この後、ツアーの行程としてはスノーケリングポイントに連れて行ってもらう。

　しばし、新城島の海の世界で幸せな時間を過ごしたら、次は島内を案内してもらえる。新城島には大切な聖域がたくさんあるため、島人ガイドがいないと勝手に歩き回ることはできないのだ。今ではほとんど人が住んでいないという静かで小さな集落には、すがすがしい空気があふれていて気持ちがいい。さらに、集落の外れへと進んでいくと、まるで時間が止まっているかのような沖縄の原風景が広がっている。昔々、自然と共に暮らしていた島人も見たであろう遠見台からの壮大な絶景や、素朴で雄大な浜辺の姿に感動する。新城島には、ここにしかない風景と、伝統を守り続ける島人の思いが詰まっているのだ。

上／最高峰の絶景が広がる新城島の桟橋
中／本底さんの案内を聞きながらの島巡りは興味深いことだらけ　下／新城島の島影

ツアー申し込みはこちら

新城島観光
☎ 090-5387-0670
URL www.aragusukujima.com

こんなツアーもあるよ！

ゆうゆうパナリ1日シュノーケリング
¥ 大人1万1000円　所要 約7時間
Panariで1日ゆんたく島内散策
¥ 大人8000円　所要 約7時間

私たちが案内します

新城島出身の私たち父子が美しい自然風景や海遊びをご紹介します！

新城島観光の
本底重男さん・健太郎さん

自分のペースで石垣島の移住生活を満喫中

島に恋して

Falling in Love  with Ishigakijima

大好きな石垣島で
スペシャルティコーヒーの
楽しさを伝えたい

FUSHI COFFEE ROASTERS (→ P.53)
松本光市さん・紗野佳さん

1

2

3

1.「フシ」は八重山で「星」の意味。初めて離島の星空を見たときの感動をコーヒーで表現できるようにとの思いから　2. 光市さんが焙煎を担当、紗野佳さんは島の食材でおやつを作る　3. 南の島のとうふテリーヌ 715 円

島の人とおいしいコーヒーが出会える場所を作りたい

「もともと関西の電機メーカーで研究職をしていました。当時つき合っていた妻に誘われて石垣島に来たのが 2008 年。それから年に数回訪れるようになりました」

2024 年、コーヒーの焙煎競技で日本一に輝いた店主の松本光市さん。しかし、当初はコーヒーが飲めなかったのだとか。

「通っていたオフィスのビルのコーヒー屋さんが店を閉められるときに、ドリッパーをいただいて」（紗野佳さん）

「紗野佳が豆を挽いて、そのドリッパーで淹れたコーヒーがおいしくて。それがきっかけで参加したハンドドリップの教室で飲んだ、ケニアの豆の甘さに感動したん

です。そこからスペシャルティコーヒーにはまり、いずれ石垣島で、気軽に家族で来られて、おいしいコーヒーが味わえる店をやりたいと思うようになりました」

2017 年に光市さんは退職。焙煎の勉強をスタートすると同時に移住を模索。

「石垣島は人気で物件が出てこない。コロナ禍を経て関西で店を開こうかとあきらめかけたとき、知人からこの場所が空くと連絡を受けました。島でのご縁が移住を支えてくれたと感謝しています」

そして、2022 年 3 月に家族で石垣島へ移住。翌月に店もオープンさせた。

「浅煎りコーヒーが苦手な方も、この店のものなら飲めるといわれます。八重山に住む人や旅で訪れた人が、新たなコーヒーの世界と巡り合う場所になれたらうれしい」

Profile ＊ まつもと こういち／まつもと さやか
光市さんは徳島県、紗野佳さんは兵庫県出身。大学在学中に知り合い 2012 年結婚。光市さんはジャパンエアロプレスチャンピオンシップ 2024 の焙煎競技で優勝。

島全域に魅力がいっぱい詰まってます♪

石垣島の歩き方
Area Guide

飲食店やおみやげ店が集中する中心部から

自然あふれる市街地に、八重山の島々まで。

何が見たい？ 何を食べたい？ エリアごとのおすすめはこちら。

美しい海と自然が生みだす美景たち！

石垣島&八重山諸島を彩る絶景スポット10

珊瑚礁がきらめくビーチの青と
深い亜熱帯の緑が織りなす自然の風景。
石垣島と八重山諸島の絶景スポットをご紹介。

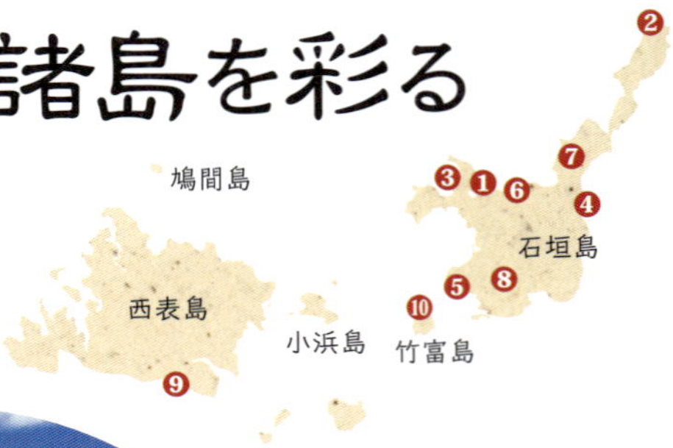

鳩間島
西表島
小浜島
竹富島
石垣島

❷ ❸ ❶ ❻ ❼ ❹ ❺ ❽ ❿ ❾

❶川平湾（かびらわん）
MAP P.121B-2
ミシュラングリーンガイド
で3つ星を獲得した、石垣
島が世界に誇る景勝地。
石垣島
P.36

❷平久保崎（ひらくぼざき）
MAP P.120C-1
島の北部にある白い灯台が立つ岬。
ダイナミックな絶景が見渡せる。
石垣島
P.83

❸底地ビーチ（すくじびーち）
MAP P.121A-1
松林が広がるビーチ。海水浴
をするのに最適で、のんびり
した雰囲気。
石垣島
P.84

❹玉取崎展望台（たまとりざきてんぼうだい）
MAP P.120B-4
青のグラデーションが美しい
海と山を望む展望台。パノラ
マの絶景が広がる。
石垣島
P.83

❺観音埼灯台
（かんのんざきとうだい）
MAP P.118B-3
サンセットの名所として知られる。天気がよいと竹富島がくっきり見える。
石垣島
P.90

❻米原海岸
（よねはらかいがん）
MAP P.121C-2
輝く白い砂浜と、どこまでも青い海の色のグラデーションが美しい。
石垣島
P.85

❼野底岳
（のそこだけ）
MAP P.120A-4
三角形の山の姿が印象的。頂上まで登ると、壮大な絶景が見渡せる。
石垣島
P.82

❽石垣島鍾乳洞
（いしがきじましょうにゅうどう）
MAP P.118C-3
島の自然が生み出した鍾乳石が神秘的な鍾乳洞。幻想的な雰囲気にも感動。
石垣島
P.91

❿コンドイ浜
（こんどいはま）
MAP P.122A-2
竹富島にある遠浅の浜。八重山諸島随一の美しさで知られる。
竹富島
P.92

❾南風見田の浜
（はえみだのはま）
MAP P.123B-3
西表島にある自然のままの浜辺。大自然の力強さを感じる絶景。
西表島
P.94

八重山諸島のメインアイランド

石垣島
いしがきじま

空港や港が完備され、八重山諸島の交通の要所でもある石垣島。飲食店、宿泊施設などは多数あり、世界中から観光客が訪れる。雄大な自然も見どころのひとつだ。

観る・遊ぶ
美しい海に絶景スポット、星空を堪能できる

珊瑚礁に抱かれた石垣島には、美しいビーチや絶景スポットが多数ある。最も有名なのは、川平湾。ミシュラングリーンガイドで3つ星を獲得したことで、その知名度は世界レベルとなっている。美しい海や自然を満喫できる、スノーケリングやダイビングなどのマリンアクティビティやネイチャーツアーも豊富だ。また、国際ダークスカイ協会より星空保護区に日本で初めて暫定認定された星空も見どころのひとつ。天体観測も人気。

食べる・飲む
八重山そばやマグロ、石垣牛が人気

八重山そばは、石垣島をはじめ八重山諸島ならではのソウルフード。近海で取れるマグロも石垣グルメを代表する美味のひとつで、島の居酒屋などでは県外より安い価格で本マグロを味わうことができる。さらに、石垣牛も人気の島グルメで、島内に専門店が点在している。パイナップルなどの南国フルーツも豊富で、おいしいスイーツにも出会うことができる。また、島内には泡盛の酒造所が6つあるので、地酒も味わっておきたいところ。

買う
伝統工芸からキャラグッズまでさまざま

石垣島を代表する伝統工芸、ミンサー織りの小物類はおみやげとしても根強い人気。オリジナルデザインのTシャツも豊富で、おみやげ以外に旅の途中で着替えとして購入する人も。近年では、八重山ゲンキ乳業の公式キャラ、ゲンキ君のコラボアイテムも人気がある。そのほか、雑貨類はもちろん、石垣島産の素材を使ったお菓子や食品など、さまざまなおみやげがあり、空港やユーグレナモールなどの店舗で購入することができる。

泊まる
多種多様な宿泊スポットがある

八重山諸島への旅の玄関口でもある石垣島には、宿泊施設が多数ある。ホテルは高級リゾートから、港近くのビジネスホテルまでそのタイプもさまざま。安宿やドミトリーも若者に人気がある。リピーターは、昔ながらの民宿を利用する人も少なくない。さらに1棟貸しコテージやオーベルジュなど、プライベート空間を重視した宿泊スポットも多い。客室はすぐに埋まってしまうので、早めの予約を。

北部
ほくぶ

石垣島の北東にある平久保半島を含むエリア。自然豊かなエリアで、名もなきビーチや絶景スポットなど、石垣島らしい素朴で美しい風景に出会うことができる。

ビーチ
エリア 北部　**MAP** P.120B-2

石垣島サンセットビーチ
いしがきじまさんせっとびーち

北部を代表する美しいビーチ

映画のロケ地にもなった、自然豊かで静かなビーチ。バナナボート（10分3000円）やスノーケリングツアー（1時間8000円）などのマリンアクティビティも楽しめる。

②

③

❶白い砂浜も美しい
❷❸マリンアクティビティも楽しめる

🚌 石垣空港から車で約40分　🏠 石垣市平久保234-323
📞 0980-89-2234　🕐 9:30〜18:00（最終受付17:00、営業期間5/1〜10/15）　🚫 10/16〜4/30　💰 施設使用料（シャワー、トイレ、更衣室）大人500円　🅿 あり　500円/日　URL www.i-sb.jp

景勝地
エリア 北部　**MAP** P.120A-4

野底岳
のそこだけ

三角形の山頂がユニークな山

地元では野底マーペーとも呼ばれる、伝承に彩られた山で、「しま山100選」にも選定されている。登山口から山頂まで30分ほどで登れるショートカットのコースもある。

🚌 離島ターミナルから車で約60分　🏠 石垣市字野底

voice 北部エリアへ車で移動する場合は、離島ターミナル周辺から1時間ほど時間をみておこう。バス移動の人は本数が少ないので、必ず時刻表を確認しておくこと！

景勝地

エリア 北部　**MAP** P.120C-1

平久保崎

ひらくぼざき

平久保半島の最北端！

　石垣島の北部エリアにある、平久保半島の最北端。右手に太平洋、左手に東シナ海が広がる絶景を眺められる。日本ロマンチスト協会が「恋する灯台」に認定した灯台が立っている。

❶大海原が広がるダイナミックな景観が魅力的
❷石垣島の最北端も眺められる
❸映画『恋しくて』のロケ地にもなった

🚌 石垣空港から約20分
🏠 石垣市平久保234-50
🕐 見学自由　**駐車場** あり

景勝地

エリア 北部　**MAP** P.120B-4

玉取崎展望台

たまとりざきてんぼうだい

平久保半島を一望できる展望台

　左手に伊原間（いばるま）湾、正面にはんな岳、右手には美しい珊瑚礁の海が見渡せる絶景スポット。展望台まで遊歩道が続いていて、1年中南国の美しい花が咲いている。

❶石垣島の豊かな自然を体感できる風景を一望
❷展望台からの眺め
❸美しい遊歩道

🚌 石垣空港から車で約20分
🏠 石垣市伊原間
🕐 見学自由　**駐車場** あり

川平周辺
かびらしゅうへん

島の北西エリアで、川平湾周辺に飲食店やみやげ店が点在している。美しいビーチや観光スポットも近くにあり、観光客には巡りやすいエリアとなっている。

📷 景勝地　　**エリア** 川平周辺　　**MAP** P.121C-2

米原のヤエヤマヤシ群落
よねはらのやえやまやしぐんらく

国指定天然記念物のヤエヤマヤシ群落

国の天然記念物にも指定されていて、八重山諸島でも石垣島と西表島にしか生息しないヤエヤマヤシの群落が見学できる。散策道は滑りやすいので、歩き慣れた靴で訪れよう。

© OCVB

🚗 石垣空港から車で約30分　　🏠 石垣市米原桴海554
🕐 見学自由　　🅿 あり

📷 寺院　　**エリア** 川平周辺　　**MAP** P.121B-2

川平観音堂
かびらかんのんどう

川平公園にある由緒正しき寺院

川平公園の中にある歴史ある寺院。17世紀半ばに創建されたと伝えられていて、航海安全と無病息災を見守る観音様として信仰されてきた。正月には初詣客が訪れる。

🚗 石垣港離島ターミナルから車で約40分　　🏠 石垣市川平934
🕐 見学自由　　🅿 あり

ヨーンの道とは？

エリア 川平周辺　　**MAP** P.121A-2

市街地から川平集落へと続く県道207号沿いの松並木道。ヨーンとは島の言葉で夜のこと。その名のとおり、昼でも薄暗い。ヨーンというバス停もあるので、ドライブ途中に立ち寄ってみてはいかが？

📷 ビーチ　　**エリア** 川平周辺　　**MAP** P.121A-1

底地ビーチ
すくじびーち

海水浴客が集う人気のビーチ

美しく弧を描いた白い砂浜が1km続く自然のままのビーチで、地元人気も高い。遠浅で穏やかなので、海水浴にもおすすめ。川平湾からもすぐアクセスできる。

①

②

❶水平線が広がる海
❷モクマオウの木陰が気持ちいい

🚗 石垣港離島ターミナルから車で約40分　　🏠 石垣市川平185-1
🕐 3/15〜6/30・9/1〜9/30は9:00〜18:00、7/1〜8/31は9:00〜19:00

🍨 スイーツ　　**エリア** 川平周辺　　**MAP** P.121B-2

トロピカルカフェマス
とろぴかるかふぇます

石垣島塩サータアンダギーをおみやげに！

石垣島塩サータアンダギー（6個600円）が人気の店。瞬間冷凍で凍結した石垣島産のマンゴーを使ったマンゴーフラッペ（900円）は取れたての果実味が楽しめる。

①

②

③

❶石垣島産の牛乳を使ったマリヤソフトをのせたマンゴーフラッペ　❷揚げたての塩サータアンダギー　❸川平公園入口近くの店

🚗 石垣港離島ターミナルから車で約40分　　🏠 石垣市川平917-1
📞 090-9587-5420　　🕐 9:00〜18:00　　🈳 なし　　🅿 公営駐車場利用　　**URL** tropicalcafemas.mystrikingly.com

---

Voice 川平湾周辺には観光スポットや飲食店などが集まっているので、半日あれば車で巡ることができる。初めての石垣旅なら、川平湾と合わせてスケジュールを組んで楽しもう。

📷 ビーチ　　エリア 川平周辺　　MAP P.121C-2

米原海岸
よねはらかいがん

海水の透明度が高い美景ビーチ

　エメラルドグリーンに輝く海が美しい自然のままのビーチ。潮の流れの速い場所があるので、海水浴やスノーケリングはおすすめできないが、のんびりするには最高の場所。

🚌 石垣港離島ターミナルから車で約30分　🏠 石垣市桴海644
🅿 あり
※米原海岸の利用ルールに関しては石垣市市民保健部環境課（☎0980-82-1285）、石垣市建設部道路・施設課（☎0980-83-3986）、石垣市企画部観光文化課（☎0980-82-1535）まで問い合わせを

❶地元の人も訪れる美しいビーチ　❷これぞ南の島！という、とっておきの絶景が広がっている　❸白い砂浜が海の色に映えてキレイ！

🎁 ギャラリー　　エリア 川平周辺　　MAP P.121B-2

川平焼　凛火
かびらやき　りんか

体験もできる陶芸工房

　石垣島の粘土を原料に、器やシーサーを作っている工房のショップ。シーサー作りなどの体験プログラムも開催している（→ P.65）。絶景が眺められる休憩スポットもある。

❶かわいい器はおみやげにもおすすめ　❷体験もできる　❸店舗外観
🏠 石垣市川平1216-60
☎ 0980-88-2117　⏰ 9:00～17:00　休 不定休　カード 可
🅿 あり
URL www.rinka-ishigaki.com

🎁 ショップ　　エリア 川平周辺　　MAP P.121A-2

川平ファーム
かびらふぁーむ

パッションフルーツ製品が人気

　自家栽培のパッションフルーツを使ったジャムやジュースを販売。添加物などを入れないで作る商品の数々は、自然のままのパッションフルーツのおいしさを感じさせてくれる。

❶パッションフルーツドリンク1188円（270㎖）❷❸豊かな緑の中にある店舗

🏠 石垣市川平1291-63　☎ 0980-88-2475　⏰ 10:00～18:00
休 不定休　カード 商品購入のみ可　🅿 あり
URL www.passion-jp.com　予約 不可

voice 米原海岸は美しいビーチだが、波が高いこともあり潮の流れが速い場所もある。スノーケリング中などに事故に遭遇した場合でも、監視員もいないので危険。海遊びは控えるのがベター。

中心部
ちゅうしんぶ

ユーグレナモールなどを含む、離島ターミナルから徒歩圏内のエリア。飲食店やみやげ店、宿泊スポットなどが集中する、島でいちばんにぎやかな場所。

📷 記念碑 エリア 中心部 MAP 折込 D-3

730 記念碑
ななさんまるきねんひ

沖縄の歴史を感じる記念碑

国道 390 号の拠点となる交差点に立つ碑。1978 年にそれまでの右側通行から左側通行に変更された記念に建てられた。離島ターミナルからすぐの場所にある。

交 離島ターミナルから徒歩約3分 住 石垣市大川

📷 橋 エリア 中心部 MAP 折込 E-4

サザンゲートブリッジ
さざんげーとぶりっじ

石垣市街地を一望できる橋

八島町と南ぬ浜町を結ぶ橋で、石垣市のシンボル的存在。橋の片側が歩道になっているので徒歩で渡ることができる。橋の上から美しい夕日が見渡せるスポットとしても知られている。

交 離島ターミナルから徒歩約15分 住 石垣市八島町

🎁 商店街 エリア 中心部 MAP 折込 D-3

ユーグレナモール
ゆーぐれなもーる

おみやげを購入するならここ！

みやげ店や飲食店が軒を連ねる、日本最南端のアーケード街。石垣市公設市場（→ P.64）もここに入っている。平行に 2 本の通りがあるので、おみやげショッピングはここで済ませよう。

交 離島ターミナルから徒歩約5分 住 石垣市大川203

🍶 居酒屋 エリア 中心部 MAP 折込 D-2

海人居酒屋 源　総本店
うみんちゅいざかや　げん　そうほんてん

新鮮な島の魚が味わえる店

自社の漁船から揚がった新鮮な魚介類をはじめ、沖縄料理などが豊富な居酒屋。石垣島内に 6 店舗を展開している。地元でも人気の店なので、必ず事前予約をしておこう。

❶本日のお刺身盛り合わせ 858 円
❷店内
❸ビルの 2 階に店舗がある

交 離島ターミナルから徒歩約7分 住 石垣市大川286-2F
電 0980-88-8321 営 15:50〜22:00LO 休 月曜 カード 可
URL ishigaki-gen.com/page/honten 予約 可

🎁 加工品 エリア 中心部 MAP 折込 C-1

石垣島ハム・ソーセージ十五番地
いしがきしまはむ・そーせーじじゅうごばんち

石垣の美味が詰まったソーセージ

石垣島の豚肉に、石垣の塩やハーブなどを使って手作りするハムやソーセージを販売。常時 20 種類の商品が揃っている。石垣市公設市場（→ P.64）には HOTDOG の系列店も。

❶ソーセージ 3 種 1845 円
❷詰め合わせ D セット 5400 円
❸店内の赤い車が目印

交 離島ターミナルから徒歩約10分 住 石垣市新栄町15-6
電 0980-87-8686 営 10:00〜19:00 休 水曜、第2・4日曜
カード 可 URL 15banchi.com

 石垣島中心部の人気の居酒屋やレストランは、観光客だけでなく地元の人も頻繁に利用するため、事前予約がマスト。繁忙期ともなると、予約なしでは入店できないこともある。

居酒屋　　エリア 中心部　　MAP 折込 D-3

あじま一商店
あじまーしょうてん

八重山の王道の美味が楽しめる

郷土料理がおいしい居酒屋。近海で獲れたマグロをはじめ、ショーケースには毎日新鮮な魚が並ぶ。地ビールや地元の食材を使ったカクテル、八重山の泡盛など酒類も豊富。

❶暖簾が目印　❷座敷席　❸八重山そば 528 円〜　❹名物 八重山産 お刺身 6 種盛り 2090 円　❺ソーメンちゃんぷるー 748 円　❻ゴーヤちゃんぷるー 748 円

交 離島ターミナルから徒歩約5分　住 石垣市大川250-3 ヨギビル1F
電 0980-87-5925　営 12:00〜15:00（14:30LO）、17:00〜24:00（23:00LO、ドリンク23:30LO）　休 不定休　カード 可　URL tune-up.biz/ajimaa/　予約 可

お菓子　　エリア 中心部　　MAP 折込 B-1

那覇ベーカリー
なはベーかりー

ここでしか味わえないモカに注目！

1977 年の創業以来、島人に愛され続けるお菓子の店。おすすめは地元のロングセラーケーキの「モカ」（216 円）。コーヒー風味の生地に甘さ控えめの生クリームがたっぷり！

❶石垣島バナナケーキ 756 円　❷モカ　❸店舗は市役所通り沿いにある

交 離島ターミナルから徒歩約15分　住 石垣市新栄町70-12
電 0980-82-3889　営 9:00〜19:00　休 日曜

雑貨・衣料品　　エリア 中心部　　MAP 折込 D-3

shimaai
しまあい

美しい藍染めに出会える店

自社の畑で栽培する、八重山諸島ならではの藍植物を使用した藍染めの商品を販売。デザインがスタイリッシュなアイテムは、島の新たな工芸品。お気に入りのひと品を見つけよう。

❶リネンストール 9350 円　❷ウエアも販売　❸帆布トートバッグ 2 万 3100 円

交 離島ターミナルから徒歩約5分　住 石垣市大川205　電 0980-87-5580　営 14:00〜19:00　休 不定休　カード 可　URL shimaai.com

---

voice おみやげをたくさん購入したら、現地から自宅などに発送すると帰りの荷物が減ってラク。おみやげ店が集中するユーグレナモールのすぐ近くには八重山郵便局がある。

🎁 雑貨　　エリア 中心部　　MAP 折込 D-3

さんぴん工房
さんぴんこうぼう

八重山の動植物モチーフの雑貨
　ご主人の太郎さんが焼物、奥様の淳子さんが布物や紙物を手がける製造直売の店。八重山の動植物などがモチーフとなった雑貨が並ぶ。20年以上この地にあり、リピーターも多い。

❶一輪挿し右 3000 円、左 2000 円
❷型抜きポストカード 250 円。写真は沖縄の市場や居酒屋などで見られるブダイがモチーフ。ほかにシロハラクイナなどのカードも
❸島にいる動物などのイラストがかわいい手ぬぐい1枚 1000 円〜。軽くてすぐに乾かせるてぬぐいは離島旅でなにかと役立つ

🚃 離島ターミナルから徒歩8分　🏠 石垣市大川203-1　☎ 0980-83-1699　🕐 11:00〜18:00（季節によって変動あり）　🈺 日曜　カード 可　URL sanpinkobo.com

---

🎁 食料品　　エリア 中心部　　MAP 折込 C-2

JA ファーマーズマーケットやえやま ゆらてぃく市場
じぇいえーふぁーまーずまーけっとやえやまゆらてぃくいちば

日本最南端の農畜産物直売所
　パインやマンゴー、石垣牛など、島の新鮮な農畜産物が並ぶマーケット。食材のほかに加工品なども販売していて、日本一早く取れる石垣島産米「ひとめぼれ」も人気が高くておすすめ。

❶登録商標の石垣牛は大充実。毎月29日の肉の日のタイムセールに注目　❷石垣産の甘いマンゴー。旅行みやげに大人気　❸こちらも日本一早く収穫する米「ミルキーサマー」。八重山諸島産の商品販売も ※価格は時期によってなどで変更する。店舗にて確認を

🚃 離島ターミナルから徒歩約15分　🏠 石垣市新栄町1-2　☎ 0980-88-5300　🕐 9:00〜18:00　🈺 なし（9〜3月は不定休あり）　カード 可　駐車場 あり　URL www.yaeyama-pain.com

---

🎁 雑貨 & 食料品　　エリア 中心部　　MAP 折込 D-3

石垣市特産品販売センター
いしがきしとくさんひんはんばいせんたー

八重山のおみやげがずらり！
　公設市場の1階にあるのが、石垣市特産品販売センター。食品もお菓子も雑貨も、新商品から定番までなんでも見つかるので、おみやげはここでまとめ買いを。空港店（→ P.16）も。

あざみ屋みんさー工芸館（→ P.91）の店舗も入っている

❶ピパーツ 972 円
❷石垣島百花 はちみつ〜 Urizun 〜 1620 円
❸夜空の石垣島ドレッシング 631 円
❹星のちんすこう 沖縄県産紅イモ 648 円
❺星のちんすこう 波照間島産黒糖 648 円

🚃 離島ターミナルから徒歩約5分　🏠 石垣市大川208　☎ 0980-88-8633　🕐 10:00〜19:00　🈺 不定休　カード 可　駐車場 なし　URL ishigaki-tokusan.com

🎁 雑貨　　エリア 中心部　　MAP 折込 D-3

石垣島共同売店
いしがきじまきょうどうばいてん

石垣島で話題の商品がずらり！

石垣島を中心に、八重山諸島や沖縄本島の民芸や特産品などをセレクト。特に石垣島ブランドの商品が豊富で、話題の新商品などもいち早く入荷している。

❶マンタとコバンザメの日焼け肩&背中パック
1848 円
❷バス・ザ・バカンス
各 352 円
❸ユーグレナグリーンカレー
999 円
❹地域の自然を守るタオル
990 円
❺タビビトノキ
2500 円〜

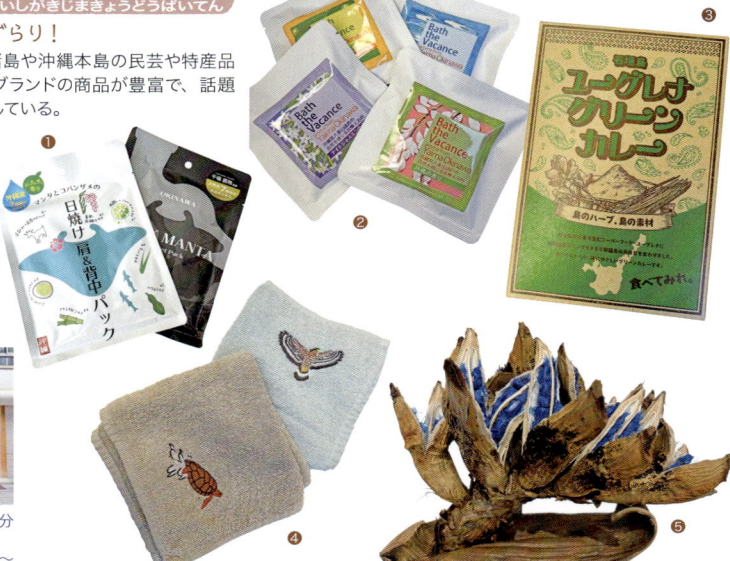

🚃 離島ターミナルから徒歩約5分
🏠 石垣市大川214
☎ 0980-87-7948　営 10:00〜20:00　休 なし　カード 可
URL ishigakijimakyoudou.com

🎁 雑貨　　エリア 中心部　　MAP 折込 D-3

hamauta - 浜詩 石垣島 -
はまうた - はまうた いしがきじま -

オリジナル島 T シャツがすてき！

デザイナーでもある店主のデザインする島 T シャツと、八重山諸島生まれのセレクト雑貨を販売。ここにしかない島アイテムに出会える特別な店。

❶オリジナル島 T シャツ 2500 円　❷月桃の葉茶（左）、月桃の実茶 各 700 円　❸ステンドグラスのアカショウビン 3380 円〜　❹月桃籠バッグ 1 万 8000 円〜

🚃 離島ターミナルから徒歩約5分　🏠 石垣市大川209-3
☎ 0980-87-6491　営 10:00〜19:00（夏期〜20:00）　休 不定休　カード 可
URL hamauta.net

 石垣島のおみやげで特に人気があるのが T シャツ。島 T とも呼ばれ、おみやげ店でも豊富に取り揃えられている。着替えを持参せず、現地調達するという人も少なくない。

その他エリア

北部、川平周辺、中心部以外の島の全土から気になるスポットをピックアップ。どこも中心部から車でアクセスできるスポットなので、スケジュールに加えよう！

📷 景勝地　　エリア 白保　　MAP P.121C-3

白保海岸
しらほかいがん

希少なアオサンゴの群生地

希少なアオサンゴが、北半球最大規模で群生する国立公園。アオサンゴ保護のため遊泳やスノーケリングは禁止されているので、グラスボートなどのツアーに参加して見学を。

🚊 石垣空港から車で約10分　🏠 石垣市白保　📅 見学自由

📷 ビーチ　　エリア 石垣島内　　MAP P.118B-3

フサキビーチ
ふさきびーち

約1kmの美しい天然ビーチ

色とりどりの熱帯魚が集まる美しい天然ビーチ。フサキビーチリゾートホテル＆ヴィラズ（→P.70）が管理している。

🚊 離島ターミナルから車で約15分　🏠 石垣市新川1625
☎ 0980-88-7297（フサキビーチリゾートホテル＆ヴィラズ※ビーチ直通）　📅 6/1〜9/30 9:00〜18:30、その他時期により変動あり
🅿️ あり　URL www.fusaki.com

📷 景勝地　　エリア 石垣島内　　MAP P.119D-4

大浜海岸
おおはまかいがん

神々しさが漂う浜辺

全長およそ2kmもある自然のままの浜辺で、海水浴には向かない。近くに遊歩道があり、地元の人が散歩やジョギングを楽しんでいる。近くには聖地が点在している。

🚊 離島ターミナルから車で約15分　🏠 石垣市川大浜179　📅 見学自由　🅿️ 崎原公園の駐車場を利用

📷 ビーチ　　エリア 石垣島内　　MAP P.119D-4

マエサトビーチ
まえさとびーち

白い砂浜が美しい町なかビーチ

市街地中心部からアクセスしやすいビーチ。ANAインターコンチネンタル石垣リゾート（→P.70）が管理しているので、マリンアクティビティメニューも豊富に揃う。

❶ 海水浴にも最適
❷ パラソルなどのレンタルも可
❸ アクティビティはホテルに予約可能

🚊 石垣空港から車で約20分　🏠 石垣市真栄里354-1　☎ 0980-88-7111（ANAインターコンチネンタル石垣リゾート）　📅 9:00〜17:00　🅿️ あり　URL www.anaintercontinental-ishigaki.jp

---

📷 景勝地　　エリア 石垣島内　　MAP P.118B-3

観音埼灯台
かんのんざきとうだい

アクセスしやすい夕日スポット

島の中心部からアクセスしやすく、夕日の絶景スポットとして有名な場所。大きな東屋があり、目の前に竹富島がはっきり見えるので、昼間は海の絶景が堪能できる。

🚊 離島ターミナルから車で約15分　🏠 石垣市字新川1612
📅 見学自由　🅿️ あり

📷 景勝地　　エリア 石垣島内　　MAP P.118A-1

御神崎
うがんざき

夕日の絶景スポット

石垣島随一の夕日が眺められる場所。絶壁に波が打ちつけられ孤高の雰囲気をかもし出している。神が降りてくる聖地と謡われていて、海の安全を願う場所だった。

🚊 離島ターミナルから車で約40分　🏠 石垣市字崎枝
📅 見学自由　🅿️ あり

 沖縄県は本土に比べて日没の時間が遅い。夕日を眺めに行くなら、あらかじめ日没の時間を確認しておいて、それより15〜30分前には待機しておこう。

石垣 やいま村

観光施設　エリア 石垣島内　MAP P.118C-2

いしがき やいまむら

石垣島の自然や文化を体験できる

石垣島の自然や文化を体験できる複合施設。敷地内に名蔵アンパルがあり散策ができる。文化体験メニューも豊富なので、雨の日にもおすすめのスポット。

❶敷地内には古民家も ❷マングローブ林や海の絶景を眺められる ❸リスザルなど動物にも触れ合える

交 離島ターミナルから車で約20分　住 石垣市名蔵967-1
電 0980-82-8798　営 9:00〜17:30（最終受付17:00）　休 なし
料 大人1200円　カード 可　駐車場 あり
URL www.yaimamura.com

石垣島鍾乳洞

観光施設　エリア 石垣島内　MAP P.118C-3

いしがきじましょうにゅうどう

石垣島最大の鍾乳洞

20万年もの時間をかけて自然が造り出した鍾乳洞。いろいろな形の鍾乳石や化石を見られるほか、幻想的なイルミネーションも楽しめる。みやげ店や飲食店も併設されている。

❶華厳の広場 ❷神々の彫刻の森 ❸飲食店やみやげ店もある

交 離島ターミナルから車で約10分　住 石垣市字石垣1666
電 0980-83-1550　営 9:00〜18:30（最終受付18:00）
休 なし　料 大人1200円　カード 可　駐車場 あり
URL www.ishigaki-cave.com

旬家 ばんちゃん

ごはん処　エリア 白保　MAP P.121C-3

しゅんやばんちゃん

ちょっと贅沢な定食屋で朝食を！

メニューはメイン2品、地元野菜で作った小鉢3品に黒紫米、もずく汁にシフォンとデザートの盛り合わせの「ばんちゃん御前」（2500円）のみ。心と体に優しい定食を楽しんで。

❶ばんちゃん御前 ❷グルテンフリーの石垣島のゆがふシフォンはおみやげにもおすすめ ❸目の前は海

交 石垣空港から車で約10分　住 石垣市白保13-1　電 0980-87-0813　営 8:30〜15:00（LO13:30）　休 水・木曜　カード 可
駐車場 あり　URL www.shun-ya-banchan.com　予約 要予約

あざみ屋 みんさー工芸館本店

雑貨他　エリア 石垣島内　MAP P.119D-4

あざみや みんさーこうげいかんほんてん

ミンサー織りのおみやげ品を購入

八重山諸島の伝統工芸、ミンサー織りの商品が購入できる。2階ではミンサー織りの歴史などの展示も。実際に織物体験もできるので（→ P.65）希望者は事前に予約をしておこう。

写真提供：株式会社あざみ屋（AZAMIYA CO.,LTD）

❶小銭入れハート各3190円〜 ❷パンプキンバッグ（藍）3万9600円 ❸店内は広々としている

交 離島ターミナルから車で約10分　住 石垣市登野城909　電 0980-82-3473　営 9:00〜18:00　休 なし　カード ショップのみ可
駐車場 あり　URL minsah.co.jp

voice 旅行中に雨天だとどこに行こうか迷ってしまうもの。おすすめは体験メニューが豊富な、石垣 やいま村や石垣島鍾乳洞。あざみ屋 みんさー工芸館本店をゆっくり訪ねるのも楽しい。

うつぐみの心で伝統と自然を守り続ける美しい島

竹富島
たけとみじま

島人が島を思い助け合う「うつぐみ」の精神が息づく島。国の重要伝統的建造物群保存地区に選定されている集落の姿や、竹富町でも随一の美しさを誇る浜辺も人気が高い。

観る・遊ぶ
自転車で集落散策を

　赤瓦屋根の沖縄の古民家と白砂の道、琉球石灰岩の石積みが彩る美しい集落を水牛車から見学するのが人気。遠浅で美しいコンドイ浜では、海水浴や浜辺をのんびり散歩するのもおすすめ。

食べる・飲む
カフェや食堂を利用

　集落内には人気のカフェや食堂、居酒屋などの食事処がある。ランチタイムは混み合うことが多いので注意。夜は、宿で食べない場合は事前に予約をしておくと安心だ。

買う
手仕事物に注目！

　竹富島で注目なのが、民具や島の素材を使った手作りのアイテム。籠やアクセサリー、布物など、女性に人気の商品がたくさんある。フェリーターミナル内のかりゆし館などで手に入る。

泊まる
宿の選択肢が多い

　高級リゾートから老舗の民宿、素泊まりの宿まで、バリエーションが豊富。人気の島なので、ハイシーズンともなるとすぐに満室になる。必ず事前予約をしておこう。

ビーチ　｜エリア｜ 西部　｜MAP｜ P.122A-2
コンドイ浜
こんどいはま

八重山諸島を代表する美景の海岸

　白い砂浜と淡いブルーの海の色が美しい。遠浅で波が穏やかで海水の透明度も高い。地元では夕日スポットとしても人気。トイレとシャワーがあるがロッカーはないので注意。

❶❷白い砂浜が美しい　❸浜の周辺にはかわいいネコの姿も　❹サンセットも美景

🚃 なごみの塔から自転車で約10分　🏠 竹富町竹富
☎ 0980-83-1306(竹富町役場自然観光課)　🕐 見学自由

景勝地　｜エリア｜ 西部　｜MAP｜ P.122A-2
カイジ浜
かいじはま

のんびり時間が漂う星砂の浜

　コンドイ浜の隣にある静かなビーチ。潮の流れが速いので遊泳は禁止だが、木陰に腰かけてのんびり海を眺めるには最高の浜辺。波打ち際では星の形をした星砂が見つかる。

❶遊泳は禁止されている　❷❸木陰がありのんびりできる　❹星砂が見つかるかも

🚃 なごみの塔から自転車で約13分　🏠 竹富町竹富
☎ 0980-83-1306(竹富町役場自然観光課)　🕐 見学自由

景勝地　｜エリア｜ 中心部　｜MAP｜ P.122B-4
なごみの塔
なごみのとう

島の中心にある塔

　島の中心にある赤山公園に立つ塔で、島を観光する際の目印とするのがおすすめ。2006年に国の有形文化財に登録された展望塔だが、現在は登降できなくなっている。

🚃 竹富港から自転車で約10分　🏠 竹富町竹富
☎ 0980-83-1306(竹富町役場自然観光課)

展望台　｜エリア｜ 中心部　｜MAP｜ P.122B-3
あかやま展望台
あかやまてんぼうだい

知る人ぞ知る島の絶景スポット

　なごみの塔のすぐ向かいにある展望台で、HaaYa nagomi-cafe (→ P.72) が入っている建物の屋上にある。赤瓦屋根が美しい集落を一望できるので、記念撮影にもおすすめ。

🚃 なごみの塔から徒歩約1分　🏠 竹富町竹富379
🕐 10:00〜17:00　休 不定休　料 100円

---

voice 海水浴客でにぎわうコンドイ浜に干潮時刻に訪れると、海の中に砂浜の小さな島が浮き上がる。歩いて行けるので、海の上の幻の島に徒歩で上陸してみよう。ただし、潮が満ちてくるまでには浜辺へ戻っておくように。

景勝地 エリア 西部 MAP P.122A-2
西桟橋
にしさんばし

竹富島随一の夕日が見られる桟橋

1972年以前、農耕地が少ない竹富島の人々が西表島に水田を作っていた頃に港として使用した桟橋。現在は夕日の絶景スポットとして有名。2005年に国の有形文化財に登録。滑りやすく危険なため、桟橋の先端は立ち入り禁止。

❶絶景を見渡せる ❷小さな浜辺もある ❸水平線が美しい

交 なごみの塔から自転車で約7分 住 竹富町竹富
電 0980-83-1306（竹富町役場自然観光課）
営 見学自由

聖地 エリア 中心部 MAP P.122B-3
世持御嶽
よもちうたき

種子取祭が執り行われる聖地

島最大の祭りである「種子取祭」が執り行われる御嶽で、火の神と農耕の神が祀られている。島の人々の大切な祈りの場なので、厳かな気持ちでルールを守って見学を。

❶祠の中に神が祀られている ❷❸種子取祭の会場として行事が執り行われる

交 なごみの塔から自転車で約3分 住 竹富町竹富
電 0980-83-1306（竹富町役場自然観光課） 営 見学自由

竹富島に恩返し
入島料制度を知っていますか？

問 竹富島地域自然資産財団
電 0980-85-2800
URL taketomijima.okinawa/wp/start/

竹富島を訪れる際に入島料を支払う制度がスタート。支払い方法は簡単で、ユーグレナ石垣港離島ターミナルの発券機か、竹富港ターミナルかりゆし館のカウンターで1人300円のうつぐみチケットを購入するだけ。集められた入島料は、竹富島の自然環境保全活動などに利用される。旅人が愛してやまない、昔のままの美しい島の姿をいつまでも楽しめるように、竹富島入島料制度へ協力しよう。

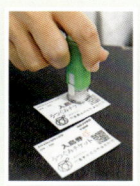

ここにあるよ！
発券機はユーグレナ石垣港離島ターミナル内

ユーグレナ石垣港離島ターミナルは⑤⑥番高速船乗り場への通用口付近。竹富東港はターミナル内のかりゆし館のカウンターで販売しているので入島前に支払おう

支払いは簡単！

① **チケットを購入**
石垣港の発券機か、竹富港のカウンターで「うつぐみチケット」を購入。

② **チケットを提示**
竹富港ターミナル内かりゆし館のカウンターでチケットを提示しスタンプを押してもらう。

③ **記念品がもらえる！**
ステッカーなどの竹富島オリジナルの記念品がもらえる。超レアグッズ！

忘れずに手に入れよう

東洋のガラパゴスとも称されるジャングルが広がる島

西表島
（いりおもてじま）

亜熱帯のジャングルが広がる島の中に、古くから島人が暮らしていた集落が点在。自然に寄り添った独自の伝統や生活様式がしっかりと根付いた奥深い魅力がある島。

📷 観る・遊ぶ
大自然を満喫！
西表島でしか体験できないネイチャーツアーや海のアクティビティが人気。展望台から眺める海の絶景や雄大な夕日、星空など大自然の美しさを感じさせてくれるスポットも多数ある。

🍽 食べる・飲む
港周辺に集中
飲食店は大原港と上原港周辺に集中。カフェや食堂、居酒屋にレストランと豊富だが利用客も多いので、特に夜は予約をしておこう。宿泊先や居酒屋が送迎してくれることもあるので確認を。

🛍 買う
おみやげが豊富
島の素材を使ったアイテムが豊富で、おしゃれなショップも多く、買い物するのが楽しい島でもある。特にオリジナルTシャツは種類豊富で人気も高い。特産品の黒糖はマストバイ。

🏨 泊まる
宿泊施設が豊富
竹富町のなかでも宿泊施設の数が多く、特に上原港周辺に集中している。リゾートホテルやヴィラ、民宿などバラエティも豊富だ。ハイシーズンは混み合うため、事前に予約をしておこう。

📷 ビーチ　｜エリア｜ 東部　｜MAP｜ P.123B-3
南風見田の浜
はえみだのはま

ダイナミックな水平線が広がる浜
県道215号の終点からさらに奥にある静かな浜辺。訪れる人も少なく自然のままのダイナミックな絶景が広がっている。波が高く危険なので泳ぐときは十分に注意が必要。

上2枚／振り返ると濃い緑の山々が迫っている。ジャングルの中を通り抜けるとビーチが見えてくる　左／訪れる人の少ない静かなビーチ。波が高いことがあるので、海水浴にはあまりおすすめできない

🚌 大原港から車で約10分
🏠 竹富町南風見田
📞 0980-83-1306（竹富町役場自然観光課）
🅿 あり

📷 ビーチ　｜エリア｜ 西部　｜MAP｜ P.123A-3
イダの浜
いだのはま

透明度の高さに感動する秘密の浜辺
陸路で行くことができない陸の孤島、船浮（ふなうき）集落の奥にある静かで美しい自然のままの浜。白浜港から定期船を使って行くことができる。

🚌 白浜港から船で約10分　🏠 竹富町西表
📞 0980-83-1306（竹富町役場自然観光課）

📷 ビーチ　｜エリア｜ 西部　｜MAP｜ P.123A-1
トゥドゥマリの浜（月ヶ浜）
とうどうまりのはま（つきがはま）

西表島を代表する夕日スポット
浜辺が美しく弧を描いていて月の形を思わせることから月ヶ浜と呼ばれる浜。自然のままの浜で波が高いので海水浴にはあまり適さない。夕日の絶景スポットとしても有名。

🚌 上原港から車で約10分　🏠 竹富町上原　📞 0980-83-1306（竹富町役場自然観光課）　🅿 あり

---

voice 竹富島、西表島などを含む竹富町のおみやげが購入できるウェブサイト「島土産」（URL shimamiyage.com/）。竹富町の農作物で作る加工品や、かわいい雑貨、伝統工芸を受け継ぐ生産者による工芸品など、個性あふれる商品が集まっている。

📷 ビーチ　　エリア 西部　MAP P.123A-1

星砂の浜
ほしすなのはま

熱帯魚に会える穏やかなビーチ

岩場で小さな魚の姿が見られる美景ビーチで、海水浴やスノーケリングが楽しめる。砂浜では星砂が見つかることも。近くには、テラス席からビーチを見渡せるレストランがある。

上／近くのレストランのテラスから眺めるのも美しい　下2枚／岩場で熱帯魚が見られる

🚌 上原港から車で約10分　🏠 竹富町上原　📞 0980-83-1306(竹富町役場自然観光課)　🕐 見学自由　🅿 あり

📷 学習施設　　エリア 東部　MAP P.123C-3

西表野生生物保護センター
いりおもてやせいせいぶつほごせんたー

島の野生生物の保護活動の拠点

特別天然記念物であるイリオモテヤマネコをはじめ、希少な生物の保護活動の拠点となる施設。展示室は2022年にリニューアルし、西表島の自然をより身近に感じられるように。

上／イリオモテヤマネコ　左2枚／ヤマネコの生態や保護活動についても学べる

写真すべて：環境省西表野生生物保護センター提供

🚌 大原港から車で約15分　🏠 竹富町古見　📞 0980-85-5581　🕐 10:00～17:00　休 月曜(祝日の場合は翌火曜)・慰霊の日(6/23)・年末年始　料 無料　🅿 あり　URL iwcc.jp

📷 道路　　エリア 西部　MAP P.123B-2

船浦海中道路
ふなうらかいちゅうどうろ

海の上を爽快に走れる道路

1976年に開通した西表島北海岸道路。左右に海と山がある絶景エリアの海の上を走る一本道で、山側の奥のほうにピナイサーラの滝を見ることもできる。

🚌 上原港から車で約10分　🏠 竹富町上原　📞 0980-83-1306(竹富町役場自然観光課)　🕐 通行自由

📷 公園　　エリア 北岸　MAP P.123C-2

大見謝ロードパーク
おおみじゃろーどぱーく

西表島らしい絶景を体感できる

大見謝川の川沿いにある公園。展望台や遊歩道が設置されているので、マングローブ林の中を散策したり、ダイナミックな海の絶景を眺める贅沢な時間が過ごせる。

🚌 上原港から車で約15分　🏠 竹富町高那　📞 0980-83-1306(竹富町役場自然観光課)　🕐 見学自由　🅿 あり

5つのフィールドで利用人数制限スタート

2025年3月より、西表島の中でも、特に自然環境を保全する必要があるフィールドが、エコツーリズム推進法に基づく「特定自然観光資源」に指定され、1日あたりに利用できる上限人数が設けられることになった。これらのフィールドに立ち入る際は、事前の立入承認申請や認定ガイドの同行などが必要となるので確認を。

問い合わせ
竹富町自然観光課　📞 0980-83-1306
URL www.town.taketomi.lg.jp/soshiki/shizenkanko/tokuteichirashi

～立ち入り制限のある5フィールド～

1. ヒナイ川（ピナイサーラの滝）
2. 西田川（サンガラの滝）
3. 古見岳
4. 浦内川源流域（横断道、マヤグスクの滝）
5. テドウ山

 大原港のある東部から上原港のある西部までは車で約50分。一本道なので迷うことはないが、夜になると街灯も少なく真っ暗ななかでのドライブとなるので注意が必要。野生動物が飛び出してくることもあるので気をつけて運転を。

のどかな自然風景が広がる素朴さが魅力の島

小浜島（こはまじま）

NHK連続テレビ小説『ちゅらさん』のロケ地として今も訪れる人が後を絶たない。沖縄離島のイメージを裏切らない、のどかな風景が旅人の心を癒やしてくれる。

📷 観る・遊ぶ
ロケ地巡りが人気

『ちゅらさん』のロケ地巡りをするのが人気だが、大岳展望台などから眺められる絶景や満天の星もすばらしい。珊瑚礁に囲まれた美しい海でアクティビティを楽しむのもおすすめ。

🍽 食べる・飲む
居酒屋やカフェも

集落内には地元の人にも人気の居酒屋が数軒あるが、利用希望者が多いので予約は必ずしておきたい。昼は港周辺のカフェや食堂でいただけるが数は少ない。リゾートホテルにも飲食店がある。

🛍 買う
おみやげは港で購入

島の集落内にはみやげ専門店がないので、おみやげの購入はターミナル内の「くば屋ぁ」で。小浜島の特産品や工芸品などが手に入る。飲料や食料などの調達は、集落内の商店でできる。

🏨 泊まる
リゾートホテルが人気

島内に大型リゾートホテルがあり利用客も多い。集落には常連客が足しげく通う人気の民宿もある。どちらもハイシーズンともなるとすぐに客室が埋まってしまうので、事前予約をしておこう。

📷 景勝地　　　エリア 小浜
大岳展望台（うふだきてんぼうだい）

八重山諸島の一部を見渡せる絶景スポット

海抜99mの山の頂上にある展望台。360度大パノラマの絶景が見渡せ、東屋も設置されている。頂上までは少し急な階段を上っていくので、歩きやすい靴で訪れよう。

上／急な階段が続くので、足元に気をつけて休憩しながら登ろう。約1kmの距離があり大人の足で片道10分ほどかかる　下／頂上にある東屋からの眺め　左／小浜島は八重山諸島の真ん中に位置するため、晴れていると360度の視界に八重山の一部島々を眺めることができる

🚌 小浜港から車で約5分
🏠 竹富町小浜
☎ 0980-83-1306（竹富町役場世界遺産推進室）
🕐 見学自由　🅿 あり

📷 ビーチ　　　エリア 小浜
トゥマール浜（とぅまーるはま）

港からほど近い素朴な浜

小浜港から徒歩でアクセスできる浜。監視員などもいない自然のままの浜で、遠浅の美しい海を眺めながらのんびりするのに最適。泳ぐときは十分に注意をして自己責任で。

🚌 小浜港から徒歩約10分（竹富町役場世界遺産推進室）
🏠 竹富町小浜　☎ 0980-83-1306
🕐 遊泳自由　🅿 あり

📷 展望台　　　エリア 小浜
カトレ展望台（かとれてんぼうだい）

マングローブと海の絶景を一望

階段の先に東屋があり、マングローブ林とその先にある細崎集落や西表島を見渡すことができる絶景スポット。美しいサンセットが眺められることでも知られている。

🚌 小浜港から車で約10分　🏠 竹富町小浜　☎ 0980-83-1306（竹富町役場世界遺産推進室）
🕐 見学自由　🅿 あり

---

voice NHK連続テレビ小説『ちゅらさん』のロケ地として有名な小浜島。なかでも、主人公がプロポーズをされるなど印象的なシーンで多く登場するのが「和也君の木」だが、私有地の中にあるため現在は近寄ることができない。

南十字星を仰ぐ日本最南端の有人島

波照間島
（はてるまじま）

島名の語源は「最果てのウルマ（珊瑚礁）の島」。ハテルマブルーと呼ばれる青い海が美しい。八重山諸島のなかで南十字星を最も近く見ることができる。

観る・遊ぶ
最南端を感じられる
島の外周は約15km。島内の移動は、さわやかな風を感じられる自転車やバイクがおすすめ。海岸線は低く、宿や飲食店などは坂上の集落にあるため、自転車で1周するなら電動式が便利。

食べる・飲む
集落内に集中
15軒前後の飲食店があり、メニューは定番の沖縄料理や八重山そば、かき氷が中心。そのうち居酒屋は約5軒。ほとんどのお店が島中央部の集落内にあり、どの宿からも歩いて行ける距離。

買う
特産品は港売店で
5つの集落それぞれに売店があり、島民の生活に必要な日用雑貨や食料品を扱う。少ないながらおみやげも販売しているが、まとめて買うなら港の売店が便利。

泊まる
個性的な宿が多い
宿泊施設は民宿を中心に約21軒。宿のオーナーや旅行者同士で交流を楽しめる点が魅力だが、最近はプライベート性を重視したホテルやペンションタイプの宿も増えている。

ビーチ　　エリア 波照間
ニシ浜
にしはま

万人を魅了するハテルマブルーの世界
島の北部、波照間港の西側に広がる白砂の浜。透明度抜群の「ハテルマブルー」と称される美しい海で、海水浴やスノーケリングを楽しめる。シャワー、トイレも設置。

上／海の色のグラデーションが美しい　下／波照間港西端の堤防は、ニシ浜全体を海側から見渡せる隠れた絶景スポット　左／ニシ浜の「ニシ」は沖縄の言葉で「北」の意味

 波照間港から車で約5分
住 竹富町波照間
電 0980-83-1306（竹富町役場自然観光課）
駐車場 あり

景勝地　　エリア 波照間
高那崎
たかなさき

荒々しい波が打ちつける断崖絶壁の岬
琉球石灰岩が浸食されてできた岬で、断崖絶壁の海岸が約1kmにわたって続く。視界一面の大海原とともに、しぶきをあげて打ちつける波の迫力を感じられる絶景スポット。

 波照間港から車で約15分
住 竹富町波照間　電 0980-83-1306（竹富町役場自然観光課）　営 見学自由　駐車場 あり

記念碑　　エリア 波照間
日本最南端の碑
にほんさいなんたんのひ

最南端の島を訪れた記念に
東経123度47分12秒、北緯24度02分24秒の地点にある。本土復帰前の1970年、旅行中の学生が自費で製作したものといわれている。

 波照間港から車で約15分
住 竹富町波照間　電 0980-83-1306（竹富町役場自然観光課）　営 見学自由　駐車場 あり

 珊瑚礁の海を越えて外海を突き進む、波照間航路は天気によっては大きく揺れることがある。大型船が就航されて、以前よりはかなり行きやすくなったと評判だが、船の揺れに弱い人は酔い止め薬を事前に用意しておこう。

島人より牛の数が多い、自然豊かなハートアイランド

黒島（くろしま）

島の形からハートアイランドとも呼ばれる黒島は、人口より牛の数が多い畜産業の盛んな島。透明度の高い海は人気が高くのんびりしに来るリピーターも多い。

写真は島を代表する景勝スポット伊古桟橋

観る・遊ぶ

海遊びが人気

仲本海岸を筆頭に海の美しさには定評があり、スノーケリングや海水浴などを楽しむ人が多い。観光スポットは多くないが、独特ののどかな雰囲気があり、のんびり散策するのも楽しい。

泊まる

常連客がリピート

集落に民宿があるが、数は少ない。リピーター客がついている宿が多いので、ハイシーズンともなるとすぐに客室が埋まってしまうことも。宿泊希望者は、事前に電話で予約をしておこう。

手つかずの自然の姿が神々しい素朴な島

鳩間島（はとまじま）

手つかずの亜熱帯の木々が生い茂る自然豊かな島。海も神々しいまでに美しく、島に惚れ込んでリピートする旅人も多い。静かな島時間を過ごすことができる。

素朴な原風景が見られるのが鳩間島の魅力

観る・遊ぶ

豊かな自然を愛でる

透明度が高い自然のままの姿が魅力的な海や、神秘を感じる森の中など、鳩間島にしかない自然を愛でるのがこの島の楽しみ方。気のおもむくままに散策をしてみよう。

泊まる

歴史ある宿が点在

古くから営業している民宿や素泊まりの宿が点在し、常連客が足しげく通う。宿泊客は全員大広間で相部屋という昔ながらの島宿スタイルが残っているので、利用する際は確認を。

ダイナミックな自然に出会える日本最西端の島

与那国島（よなぐにじま）

八重山諸島の西端にある日本最西端の島。台湾からわずか111kmの場所にあり、八重山諸島のなかでも独自の文化や歴史をもつ。切り立った崖や深く青い海が印象的な風景が広がる。

写真は島のシンボル立神岩　© OCVB

観る・遊ぶ

最果て感を味わおう

おすすめは立神岩などの迫力ある絶景ポイント巡り。島内一周は約25kmでかなり起伏があるのでレンタカーを利用しよう。日本最西端の碑からは夕日が見られることも。

泊まる

早めの予約を

民宿やゲストハウスがあるが全体的に軒数が少ないので早めの予約を心がけよう。飲食店やタクシー、レンタカーも数が多くないので、こちらも予約がおすすめ。

よく知ると、もっと石垣島を好きになる

石垣島の深め方
More about Ishigakijima

八重山の島々とのつながりが深い石垣島のカルチャー。

島の成り立ちや歴史、独特の方言にここに暮らす人々のこと。

知れば知るほど、石垣島の旅がぐっと楽しくなる。

珊瑚礁に抱かれた美しい海に浮かぶ島

石垣島の地理と産業

珊瑚礁の海に囲まれた 八重山諸島の中心的存在

沖縄本島から約410km離れた位置にある石垣島。八重山諸島のなかのひとつの島で、八重山諸島全体の商業などの中心的島でもあり、交通の要所でもある。

石垣島の面積は222.2km²、人口は4万9817人（2024年12月現在）。島の中心あたりにある於茂登岳（おもとだけ）は標高526m。沖縄最高峰の山であり、石垣島の最高地点でもある。

年間を通して温暖な亜熱帯海洋性気候で、平均気温は25.1℃、冬でも17〜20℃と暖かい。毎年3月には、海開きが開催され、10月頃まで海水浴が楽しめる。

島の面積の約3割を占める 西表石垣国立公園

沖縄最高峰の山、於茂登岳からは石垣島最大の川、宮良川（みやらがわ）と名蔵川（なぐらがわ）が流れている。名蔵川の河口には、名蔵アンパルが形成されていて、マングローブが広がっている。島の南部は隆起珊瑚礁の平地が多く人口が集中。北部は山がちな、自然が豊かなエリアとなっている。

2007年8月1日には、石垣島の面積の約3割にあたる約7000ヘクタールが西表国立公園に編入され、名称も「西表石垣国立公園」に変更された。この公園エリアは、2018年3月に国際ダークスカイ協会より日本初の「星空保護区」にも暫定認定されている。また、白保地区などの海中公園区は、海中公園の面積としては国内最大。

天然記念物や珊瑚群も 豊かな自然が広がる島

自然豊かな石垣島では、国の天然記念物に指定されているカンムリワシなど、この地域固有の希少な動植物を目にすることができる。宮良川のマングローブや、米原のヤエヤマヤシ群落は、天然記念物に指定されている。また、名蔵アンパルは2005年にラムサール条約に基づき、保護すべき貴重な湿地に登録されている。

海では、西表島との間に石西礁湖が広がり、珊瑚礁が発達している。また、白保珊瑚礁には約120種以上の珊瑚が分布。北半球最大規模のアオサンゴの大群落やハマサンゴの巨大群落が見られる。観光地として人気の川平湾でもさまざまな珊瑚を見ることができる。

島の北部にある平久保半島。長く突き出している

山頂にある石垣島天文台。石垣島は星空も美しい

白保の希少な珊瑚群。グラスボートなどから眺められる

石垣島を支える産業

出典：石垣市暮らしの便利帖、石垣市ホームページ

農業
気候の特製を生かす農業

パイナップルやマンゴーなど、亜熱帯海洋性気候の特性を生かした農業振興を目指しており、経済活動において大きな役割を担っている。繁殖牛を主体とした畜産振興も行っていて、肉用牛の品種改良などに努めている。

南国ならではの野菜や果物を生産

漁業
近海での漁業も盛ん

四面を海に囲まれている石垣島は恵まれた漁場をもち、漁港なども整備されていて漁業が盛んである。マグロやイカなどの魚のほかに、貝や海藻、養殖で年間約2000万トン（2017年）が水揚げされている

石垣島の5〜6月は本マグロのおいしい季節

観光業
世界中から観光客が訪れる

珊瑚礁の海と亜熱帯の美しい自然を有する石垣島には、世界中から観光客が訪れる。独自の文化や食べ物なども観光客を魅了している。2024年の沖縄県への入域観光客数は前年比17.3%増の966万人となった。

南ぬ島石垣空港（新石垣空港）は、世界各地からの観光の玄関口

石垣島を360度見渡したいなら、バンナ森林公園の展望台がおすすめ。亜熱帯の森を体験できる場所から眺める海の姿は圧巻。石垣島には海も山もあるということをリアルに感じることができる。

災害や激動の運命を乗り越えてきた軌跡

石垣島（八重山諸島）の歴史

前史

1390年	宮古・八重山、初めて中山（琉球）に入貢
1500年	オケヤアカハチの乱
1609年	薩摩藩が琉球に侵攻
1611年	薩摩藩による八重山検地
1614年	桃林寺（写真左上）創建
1637年	人頭税制度の創設
1771年	八重山地震による明和大津波発生
1852年	アメリカ商船ロバート・バウン号が崎枝に漂着

明治時代～大正時代

1879年	廃藩置県
1880年	八重山島役所を蔵元内に設置
1903年	地租条例および国税徴収法施行、人頭税廃止
1914年	八重山村を石垣、大浜、竹富、与那国の4村に分村
1920年	宮古・八重山郡で初の衆議院選挙

昭和時代～平成時代

1945年	終戦、米国軍政下におかれる
1947年	八重山民政府発足、石垣町が市に昇格
1952年	琉球政府設立
1955年	石垣島一周道路開通、東運輸株式会社が石垣島一周バス運行開始
1958年	沖縄旅行社が中華民国のCAT航空会社と提携、旅客機運航を開始
1959年	東運輸株式会社の観光バス初運行
1964年	石垣市・大浜町合併 新石垣市誕生
1966年	石垣港の埋立地名を美崎町と命名
1967年	東バスターミナル落成、石垣港ターミナルビル落成、石垣空港に南西航空就航
1972年	沖縄県の本土復帰、NHK八重山・宮古でカラー放送開始
1978年	沖縄県の交通方法変更、車両が左側通行となる
1987年	於茂登トンネル開通
2007年	石垣港離島ターミナル供用開始
2013年	新石垣空港（南ぬ島石垣空港）開港

前史

宮良湾を望む丘陵に広がる遺跡

フルスト原遺跡は、国指定の史跡記念物。14～15世紀頃の遺跡で、石積み遺構（石塁）、御嶽跡、古墳などからなり、約12.3ヘクタールの広大な敷地面積を有している。石積み遺構は、沖縄本島のグスク跡と類似しているが、現在の研究では城郭としての機能よりも、屋敷の囲いとしての要素が強いといわれている。遺跡内には15基の石塁遺構が確認されていて、7基が復元されている。

写真提供：石垣市教育部文化課
出典：『石垣市の文化財』

フルスト原遺跡
MAP P.119D-4
交 離島ターミナルから車で約15分
住 石垣市大浜762-1
営 見学自由
駐車場 なし

唐人墓（とうじんばか）
MAP P.118B-3
交 離島ターミナルから車で約15分
住 石垣市新川冨崎
営 見学自由
駐車場 あり

明治時代

八重山で起こった国際的事件

ロバート・バウン号事件とは1852年に起こった事件。中国からアメリカへ航行中のロバート・バウン号内で、虐待に耐えかねた中国人労働者が反乱し船を奪取するが、石垣島近海で座礁。その後、中国人労働者たちは八重山蔵元（政府）に保護されたが、事態を知り来訪した英米船に攻撃を受け、死亡者、逮捕者、自殺者などが出る惨状となった。唐人墓では、この事件で命を落とした中国人の霊などを弔っている。

---

voice 明和の大津波とは、1771年に石垣島南東沖を震源とした大地震により起こった津波のこと。宮古・八重山地方に大きな被害をもたらし、八重山諸島では死者・行方不明者が9313名にものぼった。宮良集落の外れに慰霊塔がある。

知れば知るほど離島の魅力に触れられる！

石垣島の祭りとイベント

石垣島のおもな祭りやイベントをピックアップ。島の文化を体感できるので、時期を合わせて旅してみよう。

写真提供／石垣市観光文化課

1月　石垣島マラソン

日本最南端で行われるフルマラソン大会。フルマラソンのほかにハーフマラソン、10kmの種目がある。

URL www.ishigakijima-marathon.jp

2月　十六日祭（ジュウルクニチー）

毎年旧暦の1月16日に行われる先祖をしのぶ伝統行事。一族同門の人々が墓に集まり、ごちそうを持ち寄って1日を過ごす。

3月　八重山の海開き

日本最南端から夏の到来を告げる海開きは、例年3月中旬頃に行われる。開催場所・日程など詳細はYVBのウェブで確認を。

URL yvb.jp

4月　石垣島トライアスロン

例年4月に開催されるトライアスロンの大会。南国ならではの美しい海・山・町並みを全国から集まった選手が駆け抜ける。　URL ishigaki-triathlon.jp

6月　海神祭・ハーリー競漕

毎年旧暦の5月4日に石垣島の各地で開催される伝統行事。海上平穏と豊漁を祈願して、海人（うみんちゅ・沖縄の言葉で漁師のこと）によるハーリー競漕が行われる。

8月　豊年祭（プーリィ）

旧暦の6月に八重山各地で行われる。穀物の収穫が無事終わったことを神に報告し、来年の豊作を祈願する。

ソーロン・アンガマ

旧暦の7月13〜15日に石垣島各地で開催される、先祖を迎える伝統行事。あの世からの使者が子孫を連れて現世に現れ、家々を訪問。あの世とこの世の珍問答や踊りなどで先祖の霊を供養する。

南の島の星まつりウィーク

旧暦7月7日前後に開催。会場周辺ではライトダウンを行い、天の川を復活させる。

URL ooritoori-ishigaki.com/hoshimatsuri/

9月　とぅばらーま大会

旧暦8月15日に行われるイベント。石垣島に伝わる恋の歌「とぅばらーま」の歌声を競う。

11月　石垣島まつり

11月最初の土・日曜に開催されるイベント。市民によるパレードのほか、コンサートや出店、花火などが楽しめる。

Voice 島の祭りには、県外在住の島人も帰省して参加するため、航空チケットや宿泊予約などが取りづらいことも。参加・見学希望者は日程に余裕をもってスケジュールを考えよう。

八重山最古の寺院「桃林寺」

八重山の激動の歴史を400年以上も見守る寺院

桃林寺は、臨済宗妙心寺（りんざいしゅうみょうしんじ）派の寺院。薩摩藩からの進言を受けた琉球王国の尚寧王（しょうねいおう）により1614年に創建された。八重山諸島で最古の仏教寺院でもある。

山門の左右に納められた、金剛（こんごう）力士像と密迹（みっしゃく）力士像は、桃林寺仁王像と呼ばれていて、1737年に制作されたもの。沖縄県に現存する最古の木彫像でもあるので、こちらもチェックしてみよう。

桃林寺仁王像は1771年の八重山地震による明和の大津波で流されたが、後に崎枝湾の海岸に打ち上げられていたのが発見された。その後に修復が施されて、今の状態で保存されている。

災害や戦争を乗り越え、400年以上も島の歴史を見守り続ける桃林寺には、現在も初詣など節目節目に島の人々が参拝に訪れる。参拝をした人は御朱印をいただくこともできるので希望者は参拝を済ませてから申し出よう。社務所では、桃林寺オリジナルの御朱印帳も販売されている。

桃林寺 MAP 折込 C-2
交 離島ターミナルから徒歩約10分
住 石垣市石垣285 電 0980-82-2142
営 9:00～18:00 休 なし
駐車場 あり

❶本堂。賽銭箱の横にはお守りなどの販売箱が置かれている
❷山門の仁王像も必見
❸境内の大きなガジュマルには、妖怪のキジムナーがいるといううわさも

御朱印をいただこう

桃林寺では、参拝者のみ御朱印がいただける。石垣島で御朱印がいただけるのは、桃林寺と白保地区にある出雲大社先島本宮のみ。御朱印帳も販売されている。希望者は連絡をしてから参拝に訪れよう。

桃林寺で販売しているオリジナル御朱印帳2000円、御朱印は500円（参拝者のみ）。

石垣島で御船印をゲット

御船印とは船の御朱印のことで、日本全国で船旅を楽しみながら集めることができる。
URL gosen-in.jp

御朱印船公式ガイドも発売中！

地球の歩き方BOOKS 御朱印でめぐる船旅（Gakken）

八重山観光フェリーの公式御船印帳2200円と、オリジナル御船印300円。ユーグレナ石垣港離島ターミナル内八重山観光フェリーカウンターで購入できる（八重山観光のフェリー乗船券購入者のみ）。

安栄観光の公式御船印帳2200円～、御船印1枚300円。離島ターミナルの同社カウンターにて乗船者のみに販売。

 キジムナーとは沖縄諸島周辺で伝承されている伝説上の子供の妖怪のこと。古くからあるガジュマルの精霊でもあり、東北地方の座敷童（ざしきわらし）に近いイメージ。

地元で愛され続ける6つの酒造所へ

石垣島の泡盛酒造所を訪ねる

石垣島内には6つの酒造所があり、どこも昔ながらの製法で泡盛を造り続けている。酒造所によっては見学ツアーを行っているところもあるので、訪れてみよう。また、島に滞在中には、石垣島の泡盛をオーダーしてみて！
※訪れる際は、あらかじめウェブや電話で確認を

請福酒造（せいふくしゅぞう）

見学：あり
通販：あり

直火請福

600ml
30度
1149円

アイデア豊富で革新的な酒蔵

1949年創業の石垣島を代表する酒造所のひとつ。昔ながらの直火釜蒸留で造る「直火請福」は、石垣島はもちろん八重山諸島でも広く飲まれている。ゆず酒、梅酒やイムゲーをはじめ、石垣島産のラム酒など積極的に製造している。

工場見学のあとは各種銘柄の試飲ができる

＜これもおすすめ＞
IMUGE.
100年もの間、歴史が途絶えていた琉球時代の庶民の酒を再現した、甘しょの蒸留酒。請福酒造はこの開発を先導した立役者。

720ml 25度
1898円

MAP P.121A-3　交 石垣空港から車で約15分
住 石垣市宮良959　電 0980-84-4118
営 10:00〜17:00　休 土・日曜、祝日　カード 可
駐車場 あり　URL www.seifuku.co.jp
通販 ishigakiseifuku.shop-pro.jp

八重泉酒造（やえせんしゅぞう）

見学：DVD鑑賞
通販：あり

八重泉

600ml
30度
1023円

伝統と革新を融合した酒造り

1955年創業の、石垣島を代表する酒造所のひとつ。伝統的な直火蒸留製法で造る泡盛を、オーク樽で長期貯蔵。伝統と革新を融合した酒造りを一貫して行っている。泡盛のほかにワインやリキュールなども製造している。

店舗限定の商品もあり、試飲スペースも設けられている

＜これもおすすめ＞
ぱいなっぷるわいん
沖縄県産パイナップルの果汁を醸造して造った本格派ワイン。冷やしてスッキリ飲むのがおすすめ。サイダー割りもおいしい。

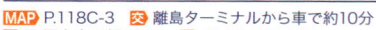

500ml 11度
1100円

MAP P.118C-3　交 離島ターミナルから車で約10分
住 石垣市字石垣1834　電 0120-800-032
営 9:00〜16:00　休 土・日曜、祝日　カード 可
駐車場 あり　URL yaesen.com

沖縄でよく見かける泡盛のサイズといえば、3合瓶。1合は180mlだが、なぜか沖縄では、泡盛が600ml入っている。理由は諸説あり定かではないが、島のお母さんいわく「ご先祖様が飲む分だけ多く入っている」とのこと。

池原酒造
（いけはらしゅぞう）

個性的で唯一無二の泡盛

1951年創業の酒造所で、現在は3代目が泡盛造りを受け継いでいる。上級者向けの個性的な味わいの泡盛だが、近年では女性からも人気を集めている。2021年には世界的なスピリッツコンペで部門最高賞を受賞。

静かな住宅街の中にある小さな酒造所

720ml
44度
4290円

＜これもおすすめ＞
SHIRAYURI CAKE
［白百合ケーキ］
風味・ボリュームともに満足できる、石垣島の新しいおみやげ！

1本2160円 ほか

MAP 折込E-2 **交** 離島ターミナルから徒歩約10分
住 石垣市大川175 **電** 0980-82-2230
営 13:00～17:00 **休** 月曜 **カード** 可 **駐車場** あり
URL shirayuri-ikehara.com

玉那覇酒造所
（たまなはしゅぞうしょ）

八重山最古の蔵元

明治時代の終わりに首里の酒造所から分離して創業。112年以上も泡盛を造り続けている、八重山諸島で最古の酒造所。直釜式蒸留と横型蒸留を使い、昔ながらの技法で泡盛を造っていて、仕込みから瓶詰め、ラベル貼りまですべて手作業で行う。

600ml
30度
1000円

MAP 折込D-2 **交** 離島ターミナルから徒歩約10分 **住** 石垣市字石垣47
電 0980-82-3165 **営** 8:30～17:00
休 土・日曜 **駐車場** あり
URL www.tamanotuyu.com

高嶺酒造所
（たかみねしゅぞうしょ）

於茂登岳の恵みで造る泡盛

1949年創業。於茂登岳と川平湾を望む風光明媚な場所にある酒造所。創業から受け継がれる直火地釜での蒸留や、老麹づくりなど全行程手造りで泡盛を製造。於茂登連山の天然水で仕込んだ泡盛は、澄んだ味わい！

酒造所は川平公園の近くにある。見学希望者は事前予約を

600ml
30度
1000円

MAP P.121A-2 **交** 離島ターミナルから車で約30分 **住** 石垣市字川平930-2
電 0980-88-2201 **営** 9:00～17:00
休 日曜 **カード** 可 **駐車場** あり
URL omoto-takamine.com

仲間酒造
（なかましゅぞう）　情報は→P.60、108へ

石垣島で最も小さな酒造所

1948年創業。宮良地区にある石垣島でいちばん小さな酒造所。木製の蒸し器や地釜蒸留器などを使い、昔ながらの製法で酒を造っている。銘柄は「宮之鶴」のみで、製造本数が少ないため、希少な泡盛でもある。

宮良の集落にある酒造所。職人がひとりで作業を行っている

600ml
30度
1000円

MAP P.121A-3
交 石垣空港から車で約15分
住 石垣市宮良956
電 0980-86-7047 **営** 13:00～18:00 **休** 日・祝日 **駐車場** あり
URL www.miyanotsuru.com
通販 store.shopping.yahoo.co.jp/nakamashuzo

voice 6酒造所の泡盛を1ヵ所で購入するなら、島の酒屋へ。ほかに、離島ターミナルの「とぅもーるショップ」（→P.17）や石垣空港内のみやげ店でも購入できる。帰りの荷物が重くなるので、発送をお願いするとラク。

105

島言葉

ここは外国!? 独特の言葉を知ろう

石垣島で話されている島言葉は「八重山方言」で、沖縄本島や宮古島の方言とも少し違っている。イントネーションも独特で、なんだかかわいらしい石垣の島言葉を、現地でどんどん使ってみよう。

東

番付	言葉	島言葉
横綱	ありがとう	みーふぁいゆー
大関	八重山や	いま
関脇	おいしい	うまさん(まーさん)
小結	私	ばー
前頭	こんにちは	くーなーら
前頭	おやすみ	ゆくひょーり
前頭	さようなら	いきてくい
前頭	大きい	まぎー
前頭	太陽	てぃーだ
前頭	赤瓦の家	かーらやー
前頭	北極星	にぬふぁーぶし
前頭	南風	ぱいかじ
前頭	バカ	ふら
前頭	酔っ払い	びーちゃー
前頭	泡盛	しま
前頭	お金	じん

西

番付	言葉	島言葉
横綱	いらっしゃい	おーりとーり
大関	八重山の人	やいまんちゅ
関脇	きれい、美しい	あっぱりしゃん
小結	あなた	わー
前頭	うれしい	さにしゃん
前頭	天の川	てぃんがーら
前頭	南十字星	はいむるぶし
前頭	海	とぅもーる
前頭	川	かーら
前頭	家	やー
前頭	スバル	むりかぶし
前頭	北風	みーにし
前頭	たくさん	ばんない
前頭	怠ける	ふゆうする
前頭	魔物	まじむん
前頭	兄 談ば	なんぎぃ

石垣市公認マスコットキャラクター!

ぱいーぐるを知っていますか?

ぱいーぐるは、特別天然記念物のカンムリワシがモチーフ。2013年の、南ぬ島石垣空港の開港時に空港のマスコットキャラクターとして誕生。翌年には石垣市の公認キャラクターへと進化した。

ぱいーぐるのひみつ

●名前	ぱいーぐる
●性別	だんし
●うまれたトコ	石垣島於茂登岳(いしがきじまおもとだけ)
●将来のゆめ	国際線のパイロットとボクシングの世界チャンピオン
●尊敬する人	具志堅用高さん
●好きな食べ物	うまい棒、石垣牛、甘いもの
●苦手な食べ物	ゴーヤー、鶏料理
●好きなアイドル	Perfume
●出没地	白保、北部、カラ岳周辺

©ぱいーぐる

VOICE ぱいーぐるの像は石垣島の各地で目にすることができる。撮影におすすめなのは、730交差点付近にある、ぱいーぐる。その他、石垣空港から出てすぐの交差点や石垣市中央運動公園付近でも出会える。

旅行前にチェックしておきたい

石垣島の本&映画セレクション

独特の文化や風習をもち、島ならではの自然あふれる石垣島。旅行前に知っておけば、旅の楽しさもよりいっそう増すもの。出かける前にチェックして気分を盛り上げよう。

本

琉球の伝承文化を歩く4
八重山・石垣島の伝説・昔話（二）
―登野城・大川・石垣・新川―

福田晃、山里純一、藤井佐美、石垣繁、石垣博孝編著
三弥井書店　2200円

地域に語り継がれた伝説や昔話を共通語で紹介。広い視野から独自の文化や歴史などについて解説している。

本

足元にある、大切なもの。石垣島ハーブ暮らし

セルフドクタークラブ、島ぐらし研究会編著
ジャパンライフデザインシステムズ　1540円

医食同源の原点ともいえる薬草やハーブが食文化に色濃く根付く石垣島の「命の知恵」をまとめた一冊。石垣の内なる魅力が体感できる。

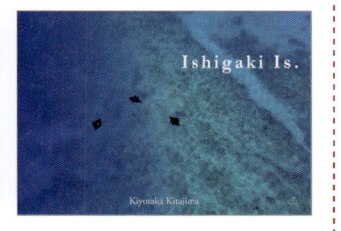

本

Ishigaki Is.

北島清隆著
林檎プロモーション　2640円

石垣島在住の写真家、北島清隆氏の写真集。石垣島だけにテーマを絞り、長年撮影し続けてきた、島の絶景や水中風景などを映し出した作品の数々は必見。

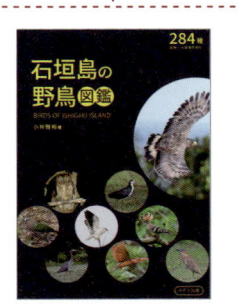

本

石垣島の野鳥図鑑

小林雅裕著
メイツ出版　2200円

石垣島で見られる野鳥284種（亜種・外来種を含む）を掲載した図鑑。野鳥ファンのガイドを務めてきた著者が撮影し続けてきた野鳥写真は一見の価値あり。

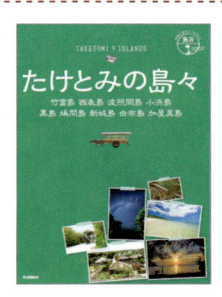

本

地球の歩き方JAPAN 島旅
たけとみの島々

地球の歩き方編集室編
学研プラス　1650円

八重山諸島の観光スポットから飲食店、宿泊スポットなど、現地発信の情報満載のガイドブック。

映画

サンゴレンジャー

発売・販売：東映ビデオ
価格：DVD 5170円 発売中

沖縄県の石垣島を舞台に、「サンゴ防衛レンジャー」を結成し、珊瑚礁を守るために奔走する若者たちの姿を描いた青春ドラマ。

映画

ペンギン夫婦の作りかた

発売：バップ
価格：Blu-ray　6380円
　　　DVD　3850円

「石垣島ラー油」を生み出した夫婦のきずなを綴るハートフルドラマ。原案は辺銀愛理の自伝本『ペンギン夫婦がつくった石垣島ラー油のはなし』。

© 2012「ペンギン夫婦の作りかた」製作委員会

石垣島で郷土本などを購入したいなら、山田書店がおすすめ。ユーグレナモール内にある、創業60年以上の老舗で、八重山地方の郷土本をはじめ、沖縄関連本が揃っていると島旅リピーターの間では有名。

おじぃから受け継がれる島の泡盛を守る

島の手しごと

仲間酒造

前花 晋作 さん

Shinsaku Maehana

1. 仲間酒造の味を受け継ぐ、3代目の前花さん。子供の頃から酒造りを手伝っていた　2. 全行程をひとりで作業している。貯蔵には1年を費やす　3. ラベル貼りも手作業で。宮之鶴の宮は宮良地区から、鶴はめでたさを表している。ラベルのデザインも華やか　4. 宮良地区のお祝いごとには欠かせない泡盛、宮之鶴

石垣島の宮良（みやら）集落にある仲間酒造は、1948年創業の蔵元。前花さんは、2019年に3代目として酒造所を受け継いだ。「跡を継ぐことは考えていなかったのですが、後継者が育っておらず存続が危ぶまれていたため、創業者の孫でもある自分が継ぐことにしました。宮之鶴をなくしたくなかった」

仲間酒造では、前花さんがひとりで作業を行っている。昔ながらの酒造りを通じて、納得のいく泡盛を造りたいのだと前花さんは語る。「昔ながらの地窯を使い直火で蒸留すると、もろみ中のアルコール以外の成分が酒に多く移り、泡盛特有の風味をもつ酒ができるんで

す。酒造所を継いでから、試行錯誤して味の改良なども進めてきましたが、やっと自分の好きな宮之鶴の味になってきたかなと思っています。風味や味わいはこの酒の特徴。まろやかで甘味のある個性を大事にしていきたいですね」

沖縄本島でも希少な泡盛として知られる宮之鶴は、生産量の8割が地元で消費される。「宮良は行事ごとが多い地域。なかでも豊年祭が最も大きい祭りなのですが、その時期は通常の2〜3倍出ますね。大切な日に宮之鶴を選んでもらっているのは、ありがたいこと。今後も地域の泡盛を守っていきたい」

若き泡盛職人が受け継ぐ
宮良地区の行事ごとを彩る宮之鶴

Profile ＊まえはな　しんさく
石垣島出身。1948年創業の蔵元の3代目。石垣島の宮良地区で地域に愛される泡盛「宮之鶴」をひとりで守り続けている。仲間酒造→P.60、105。

出発前にチェックしておきたい！

旅の基本情報

Basic Information

!

石垣を旅するうえで欠かせない情報をご紹介。
島への行き方からベストシーズンや見どころ、困ったときの話まで
知っておきたいトピックスを網羅しました。

旅の基礎知識

沖縄本島からさらに 410km 南西にある石垣島。
珊瑚礁に抱かれ、透明度の高い海に囲まれた島には、独自の文化が今も残る。

PART 1 まずは石垣島について知ろう

エメラルドブルーの海と山が彩る自然豊かな島

◇ 海も山もある 穏やかな亜熱帯の島

平久保崎から眺めた平久保半島。夕日を眺めるにも最高の場所

石垣島は八重山諸島の島のひとつ。面積は 222.2km²。沖縄県の最高峰でもある、標高 526m の於茂登岳（おもとだけ）をはじめ、山は北部エリアに集中。於茂登岳の山腹からは石垣最大の宮良（みやら）川が南流し、西流する名蔵（なぐら）川の河口には名蔵アンパルが形成され、マングローブが広がっている。

山頂の形が印象的。登ることもできる野底岳

◇ 八重山諸島の交通の要所 島巡りの拠点的存在

石垣島は、竹富島、西表島、小浜島、波照間島、黒島、鳩間島、与那国島などからなる八重山諸島の商業などの中心的存在。ユーグレナ石垣港離島ターミナルから各島へ船で気軽にアクセスができるので、石垣島を八重山諸島の島巡りの拠点とする人も多い。全国各地から訪れる観光客を出迎える玄関口は、南ぬ島 石垣空港で、与那国島への空の便も就行している。

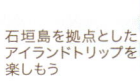

石垣島を拠点としたアイランドトリップを楽しもう

◇ 1 年中温暖な 亜熱帯海洋性気候

石垣島の年間平均気温は 25.1℃で、高温多湿な亜熱帯海洋性気候の島。観光客が多数訪れるハイシーズンは 7 〜 9 月。3 月の海開きから 10 月まで海で泳ぐことができる。

パイナップルやマンゴー、パッションフルーツなど、南国フルーツが生産されていて、それらを使ったスイーツなども観光客から人気が高い。漁業も盛んで、6 月頃は本マグロが旬。島内の居酒屋などで、驚くべき安さで味わうこともできる。

天然記念物のマングローブが広がる川岸

◇ 天然記念物や珊瑚礁 島独自の自然を感じられる

石垣島東部の宮良川河口のマングローブや、北部の米原のヤエヤマヤシ群落は天然記念物に指定されていて、名蔵アンパルは 2005 年にラムサール条約に基づき保護すべき貴重な湿地に登録された。

海の中には貴重な珊瑚礁があり、西表島との間には石西礁湖が広がっている。また、白保の海の中には希少なアオサンゴ群落が広がっていて、北半球最大規模ともいわれている。

北半球最大ともいわれる、白保のアオサンゴ群落

voice 石垣島を含む沖縄県では、造礁珊瑚類の採捕は禁止されています。詳しくはウェブで確認を。
URL www.pref.okinawa.jp/site/norin/suisan/gyogyo/sango.html

PART 2

石垣島旅行のノウハウ Q&A

旅行前の準備や現地での過ごし方に欠かせないポイントを紹介！

海遊びを満喫しよう

シーズンのノウハウ

Q. ベストシーズンはいつ？

A. 泳ぐなら夏。秋口もおすすめ

　海遊びをメインに考えるなら7～9月のハイシーズンがおすすめ。10月までは海で泳ぐことができるので、観光客が比較的少ない秋口もおすすめだ。離島巡りをするなら、冬場は船が欠航になることがあるので注意。絶景ドライブを楽しみたいなら、本土より暖かく人出が少ない冬もおすすめ。

Q. 海はいつまで入れる？

A. 10月まで泳ぐことができる

　ほとんどのビーチは3～4月に海開きされて10月末まで泳ぐことができる。体験ダイビングなどのアクティビティは1年中行っているショップもあるので確認を。

Q. 台風が来たらどうする？

A. 宿泊先で安全の確保を

　7～9月は台風のシーズン。毎年、石垣島にも台風が訪れる。台風が来てしまったら、通り過ぎるまで宿泊先などの安全な屋内へ避難し、宿泊先などの指示に従おう。海へ近づくのは危険なので絶対にやめること。また、台風前後も波のうねりが強く危険なので、海遊びは避けよう。

Q. 服装は？

A. 夏は紫外線対策を万全に

　紫外線が強い石垣島では、その対策は万全にしておきたいところ。帽子やサングラス、日焼け止めは必需品。夏でも日よけのために羽織り物があるとよいだろう。海で泳ぐときも、ラッシュガードなどで日を避けるようにしよう。本土と比べて暖かいので、冬でも薄手のコートがあれば十分だ。

遊び方のノウハウ

Q. 現地ツアーは予約が必要？

A. 事前予約が必要

　マリンアクティビティやネイチャーツアー、離島巡りツアーなどは人気が高いので、事前予約は必ずしておこう。当日の天候などで変更もあるので、現地到着後にあらためて確認しておくと安心だ。小さな子供連れの旅行なら、参加年齢制限などもしっかり確認を。

Q. レンタカーは必要？

A. あると便利

　レンタカーはあるほうが便利でよいが、アクティビティツアーや島巡りを中心にスケジュールを組むなら、なくても十分楽しめる。路線バスやレンタサイクルを上手に利用して、観光地巡りをするのもおすすめだ。

石垣島でレンタカーを利用するときは早めに予約をしておくこと

Q. 周辺の島へ行くには？

A. 気軽に船でアクセスできる

　周辺の八重山の島々へ行くには、ユーグレナ石垣港離島ターミナルから船でアクセスする。電子チケットを購入しておくのもおすすめだが、当日の購入でも基本的には大丈夫。

Q. 雨の日は何する？

A. 屋内アクティビティにトライ

　ミンサー織りやシーサーの色付けなど、島独自の文化体験などがおすすめ。情報は→ P.65

ネイチャー体験などのアクティビティは人気があるので早めの予約を

知っていると
超便利！

石垣島の島内移動術

路線バス、レンタカー、レンタサイクル、レンタルバイク、タクシーなど、石垣島内での移動手段をご紹介。夏休みなどのピーク時期は混み合うので、レンタカーは早めに予約をしておこう。

※情報は2024年12月31日現在のものです
※八重山諸島へのアクセス情報は→P.114をご参照ください

石垣空港から石垣中心部（石垣港離島ターミナル）への移動術

　南ぬ島 石垣空港（→ P.16、以下石垣空港）から島の中心部へ移動するなら、まずはユーグレナ石垣港離島ターミナル（→ P.17、以下離島ターミナル）まで移動を。路線バス、シャトルバス、タクシーでアクセスできる。いずれも空港国内線ビル中央出入口を出てすぐの場所に乗車場がある。

バス

・路線バス
　東運輸の路線バスが運行。空港線の系統④か⑩でアクセスできる。昼間の時間帯はすべての便が離島ターミナルを経由する。

東運輸　📞 0980-87-5423
URL www.azumabus.co.jp/localbus
料 片道540円、往復乗車券1000円
所要時間 約35〜45分（路線により異なる）

・シャトルバス
　カリー観光が石垣空港と離島ターミナルを結ぶ直行バスを運行。離島ターミナル入口の停留所に到着する（予約不要）。

カリー観光　📞 0980-88-0117
URL karrykanko.com/ishigaki
料 片道大人500円ほか
所要時間 約30分

タクシー

　石垣空港から離島ターミナルへはタクシーでもアクセスできる。空港国内線ビル中央出入口を出てすぐの場所にある乗り場にタクシーがとまっているので利用しよう。料金は一律となっている。

料 3300円
所要時間 約25分

路線バスは石垣島内を網羅している

予約不要なのでバス停で待機しておこう

入口を出て右手に停車場所がある

レンタカー

　旅行者の多くが利用するレンタカー。空港で借りる場合は、レンタカー会社の送迎バスで近くにあるレンタカー会社の事務所まで移動して手続きをする。離島ターミナルや、市内中心部にもレンタカー会社があるほか、離島ターミナルやホテルで車の受け渡しができるレンタカー会社もあるので、旅のスケジュールに合わせてチョイスしよう。ハイシーズンともなるとかなり混み合うので、早めに予約するのがおすすめ。

スカイレンタカーとJネットレンタカーの事務所

スカイレンタカー　📞 0570-077-186
URL www.skyrent.jp/ishigaki
料 軽自動車／6時間まで4400円、24時間（当日）6050円ほか（免責補償・ワイド補償込み）※10大特典付き（繁忙期は除外）

Jネットレンタカー新石垣空港店　📞 0980-84-4366
URL www.j-netrentacar.co.jp/okinawa/ishigaki
料 J1スモール／当日返却4000円、24時間5000円（補償料金別途必要）ほか

ニッポンレンタカー石垣空港　📞 050-1712-2421
URL store.nipponrentacar.co.jp/b/nrs/info/020682/
料 Sクラス(1300cc)（標準コース）／6時間まで7150円、24時間9790円（免責補償料金別途必要）ほか

石垣島トラベルセンター　📞 0980-83-8881
URL itc-ishigaki.jp/taxi_bus/ishigaki-rentacar
料 Sクラス／3時間以内6200円〜、当日（離島ターミナル返却は17:00まで、石垣空港返却は18:00まで）7600円〜（免責補償料込み）ほか

くまのみ・れんた　📞 090-6862-0755
URL yaeyamaocean.com/kumanomi　料 軽自動車／3時間以内4000円、当日5000円、24時間以内6000円（保険料込み）ほか

お酒を飲んだら
代行を利用！
レンタカーなど車で目的地へ向かいお酒を飲む場合、帰りは代行サービスの利用を。居酒屋などのお酒を提供する店では、店頭に代行サービスの連絡先などが置いてあるので確認を。わからない場合は店のスタッフに連絡をお願いしよう。

石垣島内交通ガイド

路線バス

東運輸が石垣島全域で路線バスを運行している。離島ターミナルのすぐ近くにバスターミナルがあるので、市内中心部からの発着なら、ここを拠点に計画を立てるとわかりやすい。運行状況や時刻表などの詳細はウェブで確認を。路線バスで石垣島を巡るなら、お得なフリーパスを利用しよう。

東運輸 📞 0980-87-5423 **URL** www.azumabus.co.jp/localbus
東運輸バスターミナル **MAP** 折込D-3 **交** 離島ターミナルから徒歩約1分 📍 石垣市美崎町3 📞 0980-87-5423

バスでの島巡りに便利なフリーパス

路線バスを利用して島巡りをする人は、フリーパスを利用するのがお得。1日と5日の2種類のパスがあり、バスターミナルの窓口か路線バス車内で購入できる。
●**1日フリーパス**
購入した日時から24時間、全路線バスが乗り放題。
💴 大人1000円
●**みちくさフリーパス（5日間フリーパス）**
購入した日時から5日間、全路線バスが乗り放題。
💴 大人2000円

バスターミナルは離島ターミナルの向かいにある

系統②③
系統④
系統⑤
系統⑨
おもなバス停

平久保崎・平野
石垣島サンセットビーチ・
伊原間
玉取崎展望台・玉取崎
クラブメッド
川平公園・川平湾
米原ビーチ
石垣空港
名蔵アンバル・
パンナ森林公園
フサキビーチ・
唐人の墓
観音崎灯台
石垣港離島ターミナル
バスターミナル（BT）
マエサト ビーチ
白保
白保海岸

旅行者におすすめの路線

🔴 **空港線／系統④** BT〜石垣港離島ターミナル〜市街地〜宮良〜白保〜石垣空港
🟢 **川平リゾート線／系統⑨** BT〜石垣港離島ターミナル〜アートホテル〜フサキビーチリゾート〜みね屋工房前〜川平公園前〜シーサイドホテル〜クラブメッド
🟠 **平野線／系統⑤** BT〜サンエー前〜白保〜石垣空港〜伊野田〜伊原間〜明石〜平久保〜平野
🔵 **西回り一周線／系統②** BT〜元名蔵〜川平公園〜米原〜伊原間〜伊野田〜石垣空港〜白保〜大浜〜BT
🔵 **東回り一周線／系統③** BT〜大浜〜白保〜石垣空港〜伊野田〜伊原間〜伊土名〜米原〜川平公園〜崎枝〜BT

各種チケットも購入できる

レンタサイクル・レンタバイク

石垣島の自然を楽しみながら、レンタバイクやレンタサイクルで島を巡る人も急増中。台数が少ないので、早めの予約を。ホテルによっては宿泊客にレンタサイクルサービスを実施しているところもあるので確認してみよう。

エイトサイクリング 📞 0980-88-7332 **URL** ishigaki-eight.com
💴 電動アシスト自転車／4時間以内：2000円、当日返却：4000円ほか
マウンテンバイク／4時間以内：1500円、当日返却：2500円ほか
※サイクリングツアーも開催 →P.36

くまのみ・れんた 📞 090-6862-0755 **URL** yaeyamaocean.com/kumanomi
💴 自転車／3時間以内550円、当日1100円、24時間以内1300円
50ccバイク／3時間以内2000円、当日3000円、24時間以内3500円（保険料込み）ほか ※そのほか、大型バイクなどのレンタルもあり

タクシー

車を運転しない人や、食事でお酒を飲む場合はタクシーの利用を。夜の食事時は混み合うこともあるので注意。

石垣島タクシーコールセンター 📞 0980-82-4649
先島交通 📞 0980-82-3988
三ツ星タクシー 📞 0980-82-3755

観光バス・観光タクシー

車を運転しない人に最適なのが、観光バスや観光タクシーでの島巡り。ガイド付きで島を巡ることができるのでおすすめだ。

島人の運転手さんと交流できる

石垣島トラベルセンター
📞 0980-83-8881
💴 定期観光バス／一周コース大人4700円、子供（6〜11歳）3730円ほか
観光タクシー市内コース／小型タクシー1台（4名まで乗車可）1万1000円〜
※ツアー詳細はウェブで確認を

※情報はすべて2024年12月31日現在の情報です。季節により変更があるので、利用する際はウェブで確認を

目的地に合わせて海路で！

八重山諸島へのアクセスガイド

八重山諸島へは、石垣島の石垣港離島ターミナルから高速船やフェリーを利用して海路でアクセスできる。時期によって変更があるので船の時刻表は必ず確認しておこう。島と島を結ぶ便もあるので、旅の目的地に合わせてチョイスしよう。

八重山諸島へは2社の高速船でアクセス

八重山諸島への高速船を運航しているのは、「安栄観光」と「八重山観光フェリー」の2社。石垣港離島ターミナル内にそれぞれのチケットカウンターがある。2社の高速船はそれぞれ発着時刻が異なり、乗り入れなどはしていないので、往復乗船券を購入する場合は確認を。チケットはウェブから、特に混雑するシーズンは電子チケット購入がおすすめ。

安栄観光
URL www.aneikankou.co.jp

八重山観光フェリー
URL www.yaeyama.co.jp

竹富島　🛳 石垣港 ▶ 竹富港

| 料金 | 大人片道880円・往復1700円 |
| 所要時間 | 約15分 |

便数は多いが利用客も多いので注意
竹富航路は便数が多いので、飛行機の離発着時間とも調整しやすい。訪れる人が多い人気の島なので、始発や最終便は混み合う場合も。チケットは事前予約がベター。

安栄観光
URL www.aneikankou.co.jp

時刻表

石垣発	竹富発
7:30	
9:30	9:50
10:30	10:50
12:10	12:30
	15:15
	15:55
15:30	17:00

八重山観光フェリー
URL www.yaeyama.co.jp

時刻表

石垣発	竹富発
7:30	7:50
8:30	8:50
9:30	9:50
10:30	10:50
11:30	11:50
13:00	13:20
14:00	14:20
15:00	15:20
16:00	16:20
17:30	17:50

船の到着時には港にレンタサイクル店の送迎車が来ているので利用する人は声をかけよう

※時刻表と運賃はすべて2024年12月31日現在の情報です。季節により変更があるので、利用する際はウェブで確認を

西表島　🚢 石垣港 ▶ 大原港・上原港

料金 大原航路／大人片道2290円・往復4420円
上原航路／大人片道2990円・往復5770円

所要時間 大原航路／約40〜45分（竹富島経由の場合約50〜55分）
上原航路／約45〜50分（鳩間経由の場合55〜60分）

利用しやすい港の確認を
西部は上原港、東部は大原港が玄関口なので到着港の確認を。冬期は波の影響を受けるため、上原港が利用できないことも。

安栄観光
URL www.aneikankou.co.jp

上原航路時刻表

石垣発	上原発
7:30	8:30
8:30	※9:30
11:40	12:50
※16:30	17:45

※鳩間経由
安栄観光西表島西部地区送迎バスは安栄観光乗船券のみ利用可

大原航路時刻表

石垣発	大原発
☆★ 7:30	☆★ 8:30
★ 8:30	★ 9:30
★11:40	★12:40
13:00	※14:00
★16:00	★17:00
☆★16:30	☆★17:30

※小浜・竹富経由（石垣港までの所要時間約1時間35分）
★上原欠航時接続送迎バスあり。上原港行乗船券購入で利用可
☆上原航路欠航時のみ運航

八重山観光フェリー
URL www.yaeyama.co.jp

上原航路時刻表

石垣発	上原発
8:00	※9:00
11:00	12:00
13:30	14:30
※15:30	16:50

※鳩間経由

大原航路時刻表

石垣発	大原発
7:30	8:30
9:00	10:00
10:30	11:30
14:00	15:00
15:30	16:30
16:40	17:35

波照間島　🚢 石垣港 ▶ 波照間港

料金 大人片道4530円・往復8750円

所要時間 大型船（ぱいじま2）約1時間30分

大型船と小型船が運航中！
波照間航路は便数が少ないので事前予約は必要。大型船と小型船のどちらになるかは船会社に確認しよう。

安栄観光
URL www.aneikankou.co.jp

時刻表

石垣発	波照間発
8:00	9:50
14:30	16:20

※不定期で大原経由の場合あり

小浜島　🚢石垣港 ▶ 小浜港

料金 大人片道1560円・往復3020円

所要時間 約25〜30分（竹富経由の場合約40〜50分）

人気航路なので注意！
石垣島からアクセスしやすく、日帰りで訪れる観光客も多い小浜島。特に、夏休みやGWなどのハイシーズンは利用客が増えるので、電子チケットを購入するなどしておこう。

八重山観光フェリー **URL** www.yaeyama.co.jp

時刻表

石垣発	小浜発
7:30	8:10
9:00	9:40
10:30	11:10
13:30	14:10
15:00	15:40
16:40	17:20

安栄観光 **URL** www.aneikankou.co.jp

時刻表

石垣発	小浜発
9:50	10:30
	※14:40
14:40	※15:20
16:30	17:10

※竹富経由

黒島　🚢石垣港 ▶ 黒島港

料金 大人片道1680円・往復3250円

所要時間 約25〜30分

八重山観光フェリー **URL** www.yaeyama.co.jp

時刻表

石垣発	黒島発
8:30	9:10
12:00	12:40
16:30	17:10

安栄観光 **URL** www.aneikankou.co.jp

時刻表

石垣発	黒島発
※7:30	8:25
13:10	13:50
※15:30	※16:25

※竹富島経由

鳩間島　🚢石垣港 ▶ 鳩間港

料金 石垣航路／大人片道2990円・往復5770円

（上原航路／大人片道1120円・往復2160円）

所要時間 約45〜50分（上原経由の場合約80分）

八重山観光フェリー **URL** www.yaeyama.co.jp

時刻表

石垣発	鳩間発	上原発	鳩間発
※8:00	9:20	9:00	16:25
15:30	※16:25	※上原経由	

安栄観光 **URL** www.aneikankou.co.jp

時刻表

石垣発	鳩間発
※8:30	9:45
16:30	※17:25

※上原経由

与那国島　🚢石垣港 ▶ 久部良港（くぶら）

料金 大人片道3610円

所要時間 約4時間

約4時間の船旅も楽しい

往路復路ともに便数が少ないので注意
与那国島へのアクセスは「フェリーよなくに」を利用する。台風のときや冬の時期は波が荒れる場合があるので、運航状況などはウェブで確認しておこう。乗船受付時間は出発30分までに行うこと。

福山海運 **URL** welcome-yonaguni.jp/guide/3709/

時刻表

石垣発	与那国発
火・金曜10:00	水・土曜10:00

※問い合わせ 📞 0980-87-2555

与那国島へは飛行機でもアクセスできる
与那国島へは、那覇空港と石垣空港から飛行機の直行便でアクセスできる。那覇から1日2便、石垣島から1日4便就航していて、所要時間は約30分。

日本航空（JAL） **URL** jal.co.jp

アイランドホッピングを満喫！

もっと離島を
巡ってみよう

アイランドホッピングとは、いくつかの島を周遊すること。八重山諸島への旅の玄関口「ユーグレナ石垣港離島ターミナル」から、各島への船便が発着する。

ターミナル内にはツアー会社が入っており、アイランドホッピングができるツアーに参加することも可能だ。石垣島や八重山諸島を訪れるのが初めてという方や、ラクに効率よく島を巡りたいという場合はツアーに参加するのがよいだろう。

石垣港から八重山諸島への船を運航しているのは、安栄（あんえい）観光と八重山観光フェリーの2社。自分で島を巡る場合は、各社のホームページで確認を。電子チケットの購入もおすすめだ。各社、アイランドホッピングに便利でおトクな周遊券も販売しているので、旅程にあわせて検討しよう。

1日でアイランドホッピングをするなら、2～3島が限度。移動時間が短い竹富島に、西表島を加えるのがおすすめ。由布島は西表島から10分で行けるので、予定をうまく組めば3島巡りが可能となる。八重山の島々へは船でアクセスするので、船の予定は変更となる可能性もあることを頭に入れておこう。また、与那国島や波照間島は移動に時間がかかるので、島で宿泊する予定を組むのが無難だ。2泊3日あれば、4～5島を巡ることも可能になるが、帰りの飛行機の出発時間に余裕をもって、石垣島に戻っておこう。

上／石垣港離島ターミナルを出発。ワクワクする瞬間　下／そろそろ離島に到着。船窓から島影が見えてきた

ユーグレナ石垣港離島ターミナルの情報は→折込 C-3
八重山諸島への船便の情報は→ P.114

船会社のおトクなチケットやツアーはこちら！

八重山諸島への船便を運航している安栄観光と八重山観光フェリーでは、島巡りをするのにおトクなチケットの販売やツアーを開催している。効率よく利用しよう。

アイランドホッピングパス

乗船回数の制限なしに安栄観光の定期便に全便乗船できるというおトクなパス。購入は石垣港離島ターミナル内の同社カウンターで。

フリーパス3日券
大人 6800 円（波照間航路ありなら 1 万 2000 円）
フリーパス4日券
大人 7800 円（波照間航路ありなら 1 万 3000 円）
フリーパス5日券
大人 8800 円（波照間航路ありなら 1 万 4000 円）

島巡りのツアーもある！
西表島・由布島・小浜島・竹富島
4島周遊コース
効率よくたくさんの島を巡りたい人におすすめの人気ツアー。1日で、八重山の4つの島を観光することができる。
所要 約8時間　料 1万8200円　予約 要事前予約
※ウェブ割引あり。詳細はウェブで確認を

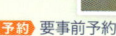

安栄観光
MAP 折込C-3　交 離島ターミナル内
住 石垣市美崎町1　☎ 0980-83-0055　営 6:00～20:00
休 なし　カード 可　駐車場 離島ターミナルの駐車場を利用（有料）
URL aneikankou.co.jp

かりゆし周遊券

八重山観光フェリーの全航路の定期便に自由に乗船できるというお得な周遊券。石垣港離島ターミナル内の同社カウンターもしくは、ウェブから購入できる。

3日間　大人 1 万円
4日間　大人1万1000円

ツアーもおすすめ！
世界自然遺産西表島＆水牛車で行く
由布島のんびり満喫コース
仲間川遊覧や水牛車で由布島に渡り、昼食と植物園の散策が楽しめます。「西表島野生生物保護センター」（→P.95）立ち寄りも。（※休館日および混雑時は立ち寄りなし）
所要 約6時間50分
料 1 万 3900 円（燃油サーチャージ料込み）
予約 要予約　※ウェブ割引あり。詳細はウェブで確認を

八重山観光フェリー
MAP 折込C-3　交 離島ターミナル内
住 石垣市美崎町1　☎ 0980-82-5010　営 7:00～19:30
休 なし　カード 可　駐車場 離島ターミナルの駐車場を利用（有料）
URL www.yaeyama.co.jp

石垣島

	A	B	C

1

御神崎 P.90
崎枝浜
崎枝湾
▲前嵩
川平郵便局
207
吉原
吉原小学校
79
崎枝小中学校
島いろ窯 P.67
P.121 川平周辺
崎枝南浜
▲ぶざま岳
大崎ビーチ（タチイ浜）
79

2

観る・遊ぶ
みやげ物店
宿泊施設
食事処
アクティビティ会社
工房

一本マングローブ
石垣 やいま村 P.91
名蔵大橋
名蔵アンパル
名蔵小中学校
名蔵小橋

3

名蔵湾
石垣島ミルミル本舗 本店 P.50、55
211
宮良農園 P.55
208
Yoga Retreat Village,KSaNa P.69
ぬちぐさカフェ P.51、55
バンナ森林公園 P.44
フサキビーチ P.90
石垣島天文台 P.46
フサキビーチリゾート ホテル&ヴィラズ P.70
八重泉酒造 P.104
観音埼灯台 P.90
79
唐人墓 P.101
石垣島 P.91
海café & Kitchen St.ELMO P.51
かりゆし病院
とうふの比嘉 P.4
石垣島ビーチホテルサンシャイン P.71
真喜良小学校
くまのみ・れんた P.112
真喜良郵便局
石垣中学校
あらかわ食堂 P.57
八重山農林

折込 MAP 石垣島中心部

八重山

4

ユーグレナ石垣港離島ターミナル・

竹富島

	A	B	C

石垣島北部

0 ——— 1km

N

凡例
- 🔴 観る・遊ぶ
- Ⓢ みやげ物店
- Ⓗ 宿泊施設
- Ⓡ 食事処
- Ⓐ アクティビティ会社

🔴 平久保崎 P.83

206

平久保ビーチ

石垣島サンセットビーチ P.82 🔴

久宇良の浜

吉田サバニ造船 Ⓐ
P.40

206

石垣島

Ⓐ スカイアドベンチャー うー
P.44

明石ビーチ
図 明石小学校

伊原間サビチ洞

伊原間湾

206

ロガシス石垣野底ヴィラ Ⓗ
P.68
ロガシステラス Ⓡ
P.68

伊原間中学校 図 伊原間公民館
伊原間郵便局

野底小学校 図

吹通川観光 Ⓐ
P.43

伊原間の海岸

🔴 玉取崎展望台
P.83

● ヒルギ群落

🔴 野底岳
P.82

吹通川

390

79

伊野田オートキャンプ場

伊野田海岸

P.118-119 石垣島内

川平周辺

0 ——— 1km

1

- 観る・遊ぶ
- Ⓢ みやげ物店
- Ⓗ 宿泊施設
- Ⓡ 食事処
- Ⓐ アクティビティ会社
- Ⓚ 工房

Ⓗ クラブメッド・石垣島 カビラ P.70

Ⓗ 石垣 シーサイドホテル P.70

ーチ .84

川平公園
Ⓡ トロピカルカフェマス P.36、55、84
Ⓐ 川平マリンサービス P.37
川平観音堂 P.37、84

米原海岸 P.85

青の洞窟

高嶺酒造所 P.105

川平湾 P.36

川平小中学校 🏫

川平郵便局　小島

前嵩

ヨーンの道 P.84

川平ファーム P.85 Ⓢ

ALOALO CAFE Ⓡ P.50

吉原海岸

Ⓚ やまばれ陶房 P.67

山原海岸

荒川の滝

米原のヤエヤマヤシ群落 P.84

2

吉原小学校 🏫

川平焼 凜火 Ⓐ Ⓢ P.65、85

海と空 Ⓗ 石垣島 P.69

石垣島 南島焼 Ⓚ P.66

ウマヌファ岳

白保・宮良周辺

0 ——— 200m

3

4

りゆしリゾート 石垣

間酒造 60、105、108

宮良小学校 🏫

宮良公民館

請福酒造 P.104

知念商会宮良支店

八重山特別支援学校 🏫

白保中学校 🏫

牛の御嶽

波照間御嶽

白保小学校 🏫

白保郵便局

白保海岸 P.90

しらほ幼稚園

旬家ばんちゃん Ⓡ P.91

出雲大社先島本宮

観る・遊ぶ
食事処

竹富島

0 —— 200m N

凡例
- 観る・遊ぶ
- S みやげ物店
- R 食事処
- 御嶽

西表石垣国立公園
竹富島ビジターセンター 竹富島ゆがふ館

竹富港（竹富東港）
S かりゆし館 P.93

西桟橋 P.93

西 東

竹富小中学校

拡大図

竹富島

コンドイ浜 P.92

仲筋

ちろりん村

カイジ浜 P.92

星のや竹富島

アイヤル浜

拡大図

そば処 竹の子 P.57 R

喜宝院蒐集館

世持御嶽 P.93

あかやま展望台 P.92

R HaaYa nagomi-cafe P.72

泉屋

なごみの塔 P.92

やど家たけのこ

内盛商店

内盛荘

勝子おばさんの店 たきどぅん

西糖御嶽

まちなみ公民館

竹富郵便局

竹富小中学校

友利観光

旧与那国家住宅

N

0 —— 100m

仲筋井戸

竹富島交通

旅をもっと楽しむ ノウハウ

島の味をおみやげに！

Q. コンビニやスーパーはある？

A. 中心部にある

島の中心部にはコンビニも全国チェーンのスーパーもあるので、必要な物は現地で揃う。一方で、中心部を離れるとほとんど店舗がないので気をつけよう。

Q. 飲食店は予約が必要？

A. 人気店は予約が必要

島の中心部にある人気店は、観光客だけでなく地元客も利用するので混んでいることが多い。お目当ての店は事前に予約をしておこう。予約ができなかった場合は、ピーク時間を外すなどしてトライしてみて。

Q. 八重山そばはどこで食べられる？

A. 食堂や専門店で

石垣島に来たら味わいたいグルメのひとつが八重山そば。食堂や専門店で食べられるので訪れてみよう（→ P.56）。昼のみの営業や麺が売り切れ次第終了する店もあるので、営業時間は先にチェックしておこう。

Q. お酒を飲みたい

A. 居酒屋は島の中心部にある

島の魚介類をはじめ美味が味わえる居酒屋は島の中心部に集まっている。人気店は常に混んでいるので予約しておくこと。せっかく石垣島に訪れたのだから、島の蔵元の泡盛も味わってみよう（→ P.104）。レンタカーで訪れた場合は、帰りは代行を利用して。店の人に呼んでもらうこともできる。

Q. 島唄ライブが聴きたい

A. ライブ時間を確認して予約を

島唄ライブはだいたい 19 時頃から 1 回目のステージが始まることが多いので、夕食もかねて予約しておくのがおすすめ。予約が取れなかった場合は、2 回目以降の時間を狙って直接来店してみよう。

島のスーパーは地元ならではの商品が見つかる

Q. どんな宿泊施設がある？

A. 民宿からビジネス、リゾートホテルまで豊富

石垣島には宿泊施設が多数あり、バリエーションも豊富。中心部にはビジネスホテルもたくさんある。海辺のリゾートホテルはもちろん、最近は宿泊者数限定のプライベートホテルやオーベルジュ、1 棟貸しの宿も人気がある（→ P.68）。

Q. 宿泊エリアを選ぶコツは？

A. 目的に応じて選ぼう

離島巡りを楽しみたい場合は、離島ターミナルから徒歩圏内のホテルを選ぶとラク。中心部のホテルなら、食事やショッピングをするのにも便利。一方で、リゾート時間をのんびり楽しみたいなら郊外のホテルへ。絶景がひとり占めできるオーシャンビューの客室を選ぶのがおすすめだ（→ P.70）。

Q. おみやげはどこで手に入れる？ 何がおすすめ？

A. 食品から雑貨まで豊富

お菓子などの食品、泡盛などの食品から、ミンサー織りなどの伝統工芸品、島 T シャツやゲンキ君グッズなど、島ならではのおみやげはかなり豊富。ユーグレナモール（→ P.86）や、南ぬ島 石垣空港（→ P.16）などでまとめて購入すると効率がいい。

居酒屋では島の泡盛や刺身など島の美味がオーダーできる

VOICE 石垣島中心部にはコンビニや全国チェーンのスーパーがある。お総菜やお菓子など、石垣島ならではの商品も販売されている。おみやげになりそうなものもあるので、滞在中に一度はのぞいてみよう。

Q. ネットワーク&携帯はつながる？

A. 一部つながりにくい場所も

島の中心部やリゾートホテルなどでは、問題なくつながるが、中心地を離れると一部つながりにくい場所もある。気になる人は宿泊先などにあらかじめ確認を。

Q. 無料 Wi-Fi サービスはある？

A. 公衆無線 LAN が整備されている

石垣市が整備している公衆無線 LAN「ishigaki-free-wifi」が無料で利用できる。ネットワークを選択するだけで誰でも利用が可能だ。

【公衆 Wi-Fi 設置箇所】
・南ぬ島石垣空港
・川平湾周辺
・ユーグレナモール
・730 交差点周辺
・ユーグレナ石垣港離島ターミナル
・新港クルーズ岸壁
・石垣市中央運動公園
・新栄公園

Q. 電子決済の普及は？クレジットカードは使える？

A. 普及が進められている

バスや船舶、一部のタクシー会社など、公共交通機関ではクレジットカードなどのタッチ決済が利用できる。また、主要観光施設や飲食店などでも電子決済の普及が進められている。とはいえ、東京や大阪と比べるとまだまだ数は少ない。不安な人は事前に確認をしておくのがベター。

八重山観光フェリーではタッチ決済で乗船することができる

Q. 現金は必要？

A. 必要！

電子決済ができる店も増えているが、まだまだクレジットカードも使用できないスポットも少なくない。また、民宿やゲストハウスなどでもカードが使えない場合がある。あらかじめ確認をして、必要な金額プラスいくらかは持参しておこう。

Q. ATM はある？

A. あるが数は少ない

空港や離島ターミナルには ATM が設置されている。また、中心部にはコンビニや銀行がある。中心部以外に滞在する場合は、あらかじめ現金をおろしておこう。

Q. 具合が悪くなったら？

A. 病院がある

中心部には病院があるので、具合が悪くなったりけがをしたりした場合は、すみやかに受診を。旅行中は不慮の事態が発生することを想定して、保険証は携帯しておくこと。

Q. 薬局はある？

A. 中心部にある

中心部にはドラッグストアがある。また、離島ターミナル内にも薬局があるので必要な場合は利用しよう。

Q. 宿やレンタカーはいつごろまでに予約する？

A. できる限り早めに

国内旅行客はもちろん、近年インバウンドの観光客の数も増加している。早割などが適用されるところもあるので、旅行が決まったらまず宿をおさえておこう。レンタカーも数に限りがあるので、できる限り早めに予約しておくのがおすすめだ。

Q. 持って行ったほうがいいものは？

A. 現地で購入するのが面倒なもの

石垣市内中心部にはコンビニやスーパーもあるので、旅行に必要なものは購入できる。ただし必ず使用するもの、例えば日焼け止めやサングラス、下着などは購入するとなると意外と面倒なもの。あらかじめ持参するほうがラクだろう。また、酔い止めなど、普段から飲んでいる薬がある人も持参しておくこと。

島内アクセス早見表

石垣島と八重山諸島の島内でのアクセス方法のおすすめ度をご紹介。
◎は超おすすめ、○はおすすめ、△はケースバイケース、×は不向きです。ご活用ください。

	路線バス	タクシー	レンタカー	レンタバイク	レンタサイクル	徒歩	アドバイス
石垣島中心部	○	◎	○	○	○	◎	中心部は徒歩移動でOK。急ぐときやお酒を飲むときはタクシーを利用するのがおすすめ。ホテルや店に呼ぶこともできる。
石垣島(北部・川平周辺・その他)	○	△	◎	○	△	×	中心部を離れるとレンタカーが最もおすすめ。路線バスは本数が少ない場所も。体力があれば自転車移動も楽しい。
竹富島	△	×	×	×	◎	◎	レンタサイクルが最もおすすめ。集落周辺なら徒歩も問題ない。港と海と集落をつなぐバスは本数が少ないので、利用希望者は確認を。
西表島	○	△	◎	○	△	△	島が大きいのでレンタカーが最もおすすめ。路線バスもあるが本数は少ない。日帰りならツアー利用を。集落内なら徒歩移動も可。
小浜島	△	×	◎	◎	○	△	起伏のある島なので、レンタカーやレンタバイクがおすすめ。自転車なら電動式がラク。バスは運行状況の確認を。
波照間島	×	×	△	◎	○	△	起伏のある島なので、レンタバイクや自転車移動がおすすめ。集落内なら徒歩移動も可。レンタカーは台数が少ない。
黒島	×	×	△	○	○	△	港から集落まで離れているので自転車やバイクがおすすめ。集落内なら徒歩移動も可。レンタカーは台数が少ない。
鳩間島	×	×	×	×	△	◎	小さな島なので基本的には徒歩移動でOK。レンタサイクルはあるが台数が少ない。宿泊先に相談を。
与那国島	△	×	◎	◎	○	△	大きな島で起伏があるのでレンタカーやバイクがおすすめ。バスは本数が少ない。集落内は徒歩移動も可。

さくいん

観る・遊ぶ　食べる・飲む　買う　泊まる

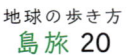
地球の歩き方
島旅 20

石垣島

竹富島 西表島 小浜島
由布島 新城島 波照間島　ISHIGAKI 改訂版

STAFF

Producers	斉藤麻理、河合瑛実
Editor	稲嶺恭子（亜細亜包インターナショナル）
Writers	稲嶺恭子、国松薫、亜細亜包
Photographers	大湾朝太郎、大城亘、亜細亜包
Designer	坂部陽子（エメ龍夢）
Maps	千住大輔（アルト・ディークラフト）
Proofreading	ひらたちやこ
DTP	株式会社ダイヤモンド・グラフィック社

Special Thanks	石垣島の皆さん

地球の歩き方 島旅 20 石垣島 改訂版
竹富島 西表島 小浜島 由布島 新城島 波照間島
2022 年 3 月 29 日　初版第 1 刷発行
2025 年 4 月 1 日　改訂第 2 版第 1 刷発行

著　作　編　集	地球の歩き方編集室
発　行　人	新井邦弘
編　集　人	由良暁世
発　行　所	株式会社地球の歩き方 〒 141-8425　東京都品川区西五反田 2-11-8
発　売　元	株式会社 Gakken 〒 141-8416　東京都品川区西五反田 2-11-8
印　刷　製　本	大日本印刷株式会社

※本書は基本的に 2024 年 12 月の取材データに基づいて作られています。
　発行後に料金、営業時間、定休日などが変更になる場合がありますのでご了承ください。
　更新・訂正情報 ▶ https://www.arukikata.co.jp/news/support/

本書の内容について、ご意見・ご感想はこちらまで
〒 141-8425　東京都品川区西五反田 2-11-8
株式会社地球の歩き方
地球の歩き方サービスデスク「島旅 石垣島編」投稿係
URL ▶ https://www.arukikata.co.jp/guidebook/toukou.html
地球の歩き方ホームページ（海外・国内旅行の総合情報）
URL ▶ https://www.arukikata.co.jp/
ガイドブック『地球の歩き方』公式サイト
URL ▶ https://www.arukikata.co.jp/guidebook/

●この本に関する各種お問い合わせ先
・本の内容については、下記サイトのお問い合わせフォームよりお願いします。
　URL ▶ https://www.arukikata.co.jp/guidebook/contact.html
・広告については、下記サイトのお問い合わせフォームよりお願いします。
　URL ▶ https://www.arukikata.co.jp/ad_contact/
・在庫については　Tel ▶ 03-6431-1250（販売部）
・不良品（乱丁、落丁）については　Tel ▶ 0570-000577
　学研業務センター　〒 354-0045　埼玉県入間郡三芳町上富 279-1
・上記以外のお問い合わせは　Tel ▶ 0570-056-710（学研グループ総合案内）

※学研グループの書籍・雑誌についての新刊情報・詳細情報は、下記をご覧ください。
　学研出版サイト ▶ https://hon.gakken.jp/
　地球の歩き方島旅公式サイト ▶ https://www.arukikata.co.jp/shimatabi/

島旅の思い出やおすすめを教えて！

読者
プレゼント
ウェブアンケートに
お答えいただいた方のなかから、
毎月 1 名様に地球の歩き方
オリジナルクオカード(500円)
をプレゼントいたします。
詳しくは下記の
二次元コードまたは
ウェブサイトをチェック！

URL
https://www.arukikata.co.jp/
guidebook/enq/shimatabi/